रेफ्रिजरेशन अँड एअर कंडिशन टेक्निशियन RACT प्रथम वर्ष हिंन्दी MCQ

मनोज डोळे

Made with ♥ on the Notion Press Platform
www.notionpress.com

डिजिटाइजेशन समय की मांग है। भविष्य में, प्रशिक्षण को अधिक सुविधाजनक और आसान बनाने के लिए ऑनलाइन इंटरनेट का उपयोग करके औद्योगिक प्रशिक्षण संस्थानों में प्रशिक्षण आयोजित करने की आवश्यकता होगी। एमसीक्यू प्रश्नों के एक सेट वाली ई-पुस्तकें प्रशिक्षुओं को उपलब्ध कराई जाएंगी क्योंकि उन्हें अपने औद्योगिक प्रशिक्षण संस्थानों में होने वाली ऑनलाइन परीक्षाओं की तैयारी के लिए बहुविकल्पीय प्रश्नों एमसीक्यू के अधिक आदी होने की आवश्यकता है।

इन सब बातों को ध्यान में रखते हुए औद्योगिक प्रशिक्षण संस्थान सतारा के प्रशिक्षक श्री मनोज मधुकर डोले ने नई वार्षिक प्रणाली और एनएसक्यूएफ-5 पाठ्यक्रम के अनुसार पुस्तकें लिखी हैं। और उन्होंने प्रशिक्षण को आसान बनाने के लिए सैद्धांतिक मोबाइल ऐप और ब्लॉग बनाए हैं, और इन सभी शैक्षिक सामग्री को विश्व प्रसिद्ध वेबसाइटों Google Play Store, Amazon और Apple Book Store पर डाउनलोड के लिए उपलब्ध कराया है।

पुस्तकों का प्रकाशन माननीय सहसंचालक श्री राजेंद्र घुमे साहेब प्रादेशिक व्यावसायिक शिक्षण व प्रशिक्षण कार्यालय, पुणे द्वारा दिनांक 9/1/2019 को किया गया, इस समय श्री प्रकाश सहगवकर साहब प्राचार्य शासकीय औद्योगिक प्रशिक्षण संस्थान औंध पुणे, श्री तुकाराम मिसाल साहेब प्राचार्य सरकार प्र. संस्था सतारा, श्री सचिन धूमल साहब जिला व्यावसायिक शिक्षा एवं प्रशिक्षण अधिकारी सतारा, श्री यतिन परगांवकर साहब प्राचार्य शासन. Q. संस्था कोल्हापुर, श्री विकास टेक साहब इंस्पेक्टर वोकेशनल एजुकेशन एंड ट्रेनिंग रीजनल ऑफिस पुणे, पालेकर फूड्स प्रोडक्ट्स प्रा. लि. सतारा के उद्यमी अध्यक्ष श्री नीलकंठराव पालेकर साहब, हीरा फूड्स के अध्यक्ष श्री इब्राहिम बाबा तंबोली साहब, श्रीमती शाल्मली पवार मुख्याध्यापिका शासकीय तकनीकी विद्यालय केंद्र सतारा सहित अन्य गणमान्य व्यक्ति इस अवसर पर उपस्थित थे।

क्रम-सूची

प्रस्तावना

रेफ्रिजरेशन अँड एअर कंडिशन टेक्निशियन RACT प्रथम वर्ष हिंन्दी MCQ आईटीआई पाठ्यक्रम संशोधित एनएसक्यू एफ -5 पाठ्यक्रम के लिए एक सरल ई-बुक है , इसमें रेखांकित और बोल्ड सही उत्तरों के साथ वस्तुनिष्ठ प्रश्न शामिल हैं एमसीक्यू सभी विषयों को कवर करता है जिसमें सुरक्षा सावधानियों के बारे में नवीनतम और महत्वपूर्ण सभी शामिल हैं, अंकन , काटने का कार्य, फाइलिंग, ड्रिलिंग, रीमिंग, टेपिंग और मरना आदि।

शीट धातु के घटकों का उत्पादन विद्युत सुरक्षा की पहचान करें। अलग-अलग तार से जुड़ें, पावर, करंट, वोल्ट और अर्थ रेजिस्टेंस आदि को मापें। सिंगल फेज, 3 फेज मोटर्स यानी स्टार और डेल्टा कनेक्शन कनेक्ट करें। इलेक्ट्रॉनिक घटकों और उनके रंग कोड यानी ट्रांजिस्टर, कैपेसिटर, डायोड, एम्पलीफायर, आईसी और सोल्डरिंग काम करने में सक्षम की पहचान करें। संबंधित सुरक्षा को देखते हुए गैस वेल्डिंग, ब्रेजिंग, सोल्डरिंग करना। आरएसी उपकरणों और उपकरणों की पहचान करें और आरएसी प्रणाली के विभिन्न भागों को पहचानें। कॉपर ट्यूब कटिंग, फ्लेयरिंग, स्वैगिंग, ब्रेजिंग करें। यांत्रिक और विद्युत घटकों का परीक्षण करें। रिसाव परीक्षण, वैक्यूमिंग, गैस चार्जिंग, वायरिंग और रेफ्रिजरेटर की स्थापना करना।

डोर अलाइनमेंट, डोर गैस्केट फिटिंग, डोर स्विच को बदलें। परीक्षण कंप्रेसर मोटर टर्मिनल, रिले के साथ और बिना रिले के सीधे कंप्रेसर शुरू करें, फ्लशिंग की तकनीक, रिसाव परीक्षण, केशिका और फिल्टर ड्रायर की जगह, निकासी और गैस चार्जिंग। फ्रॉस्ट-फ्री रेफ्रिजरेटर (इलेक्ट्रिकल / मैकेनिकल), फ्रॉस्ट-फ्री फ्रीज की वायरिंग और रेफ्रिजरेटर सेक्टर में वायु वितरण के घटकों की जाँच करें। रिसाव का पता लगाना, निकासी और गैस चार्जिंग। हर्मेटिक, फिक्स्ड और वेरिएबल स्पीड कंप्रेसर, और परीक्षण प्रदर्शन को तोड़ना, मरम्मत करना और इकट्ठा करना। सीलबंद कंप्रेसर के टर्मिनलों और उनके तारों की पहचान करें और विभिन्न प्रकार के मोटरों के साथ वर्तमान, वोल्ट, वाट और डीओएल स्टार्टर के उपयोग को मापें विभिन्न उपकरणों के लिए हेर्मेटिक कंप्रेसर का चयन करें, सीलबंद कंप्रेसर में उपयोग किए जाने वाले तरीकों, परीक्षण नियंत्रण और सुरक्षा कट आउट शुरू करें। इन्वर्टर एसी के नियंत्रण प्रणाली के घटकों की पहचान करें और नियंत्रण प्रणाली की वायरिंग विभिन्न उपकरणों में उपयोग किए जाने वाले कंडेनसर (आंतरिक और बाहरी) की सर्विसिंग और डी-स्केलिंग करें

विभिन्न रेफ्रिजरेशन सिस्टम में उपयोग किए जाने वाले ड्रायर, फिल्टर और रेफ्रिजरेंट नियंत्रणों की फिटिंग और समायोजन करना। विभिन्न उपकरणों में उपयोग किए जाने वाले विभिन्न बाष्पीकरणकर्ताओं की सर्विसिंग करना। उपयोग किए गए रेफ्रिजरेंट की रिकवरी और पुनर्चक्रण, सीएफ़सी के विकल्प, एचएफसी री-कवर, गैस का स्थानांतरण और हैंडलिंग सिलिंडर। अनुकूलता की समझ के साथ ओजोन के अनुकूल रेफ्रिजरेंट के साथ सीएफसी /

एचएफसी मशीन को फिर से तैयार करें। थर्मल इन्सुलेशन पैक करें और शीतलन रिसाव को रोकें।

विंडो एसी स्थापित करें, इलेक्ट्रिकल और इलेक्ट्रॉनिक्स घटकों का परीक्षण करें और दोष निदान और उपचारात्मक उपाय करें। अलग-अलग स्प्लिट एसी के इलेक्ट्रिकल और इलेक्ट्रॉनिक नियंत्रण परीक्षण, इंस्टॉलेशन, वायरिंग, दोष खोजने और उपचारात्मक उपायों की सर्विसिंग करें। कार एसी की सर्विसिंग करें। दोष निदान और उपचारात्मक उपाय

हम प्रत्येक नए संस्करण के साथ नए प्रश्न उत्तर जोड़ते हैं। किसी भी त्रुटि/चूक के मामले में कृपया हमें ईमेल करें। यह यकीनन सभी इंजीनियरिंग बहुविकल्पीय प्रश्नों और उत्तरों के लिए सबसे बड़ी और सर्वश्रेष्ठ ई-बुक है।

एक छात्र के रूप में आप इसे अपनी परीक्षा की तैयारी के लिए उपयोग कर सकते हैं। यह ई-पुस्तक प्रोफेसरों के लिए सामग्री को ताज़ा करने के लिए भी उपयोगी है।

भूमिका

डीजीईटी नई दिल्ली और सीएसटीएआरआई कोलकाता अगस्त 2018 सत्र से आईटीआई में सभी व्यवसायों के लिए एक वार्षिक पैटर्न लागू कर रहे हैं। परीक्षा प्रणाली में भी बदलाव किया जाएगा और यह इस साल से ऑनलाइन हो जाएगी और चूंकि सभी प्रश्न वस्तुनिष्ठ प्रकार (एमसीक्यू) के हैं, इसलिए प्रशिक्षुओं को गहन अध्ययन की सख्त जरूरत है। इसे ध्यान में रखते हुए हमें पुराने NIMI पैटर्न पर आधारित पुस्तकें और नए वार्षिक पैटर्न का संपूर्ण अवलोकन प्रस्तुत करते हुए प्रसन्नता हो रही है, और हम आशा करते हैं कि ये पुस्तकें सभी व्यावसायिक निदेशकों और प्रशिक्षुओं के लिए एक मार्गदर्शक होंगी। है।

इन पुस्तकों को लिखने के लिए आईटीआई अकलुज के प्राचार्य जोहर अवाटे साहब ने कहा। आईटीआई सतारा सहगवकर साहब के पूर्व प्राचार्य, सहायक निदेशक श्री चंद्रकांत ढेकने साहेब क्षेत्रीय व्यावसायिक शिक्षा एवं प्रशिक्षण कार्यालय, पुणे, जिला व्यावसायिक शिक्षा एवं प्रशिक्षण अधिकारी सचिन धूमल साहेब एवं प्रधानाध्यापक शासकीय तकनीकी विद्यालय केन्द्र शाल्मली पवार मैडम एवं पुत्र अधिराज डोले, माता कुसुम डोले , मैं अपने पिता मधुकर डोले और पत्नी अश्विनी डोले को समय-समय पर उनके विशेष मार्गदर्शन और सहयोग के लिए बहुत आभारी हूं।

साथ ही, बहुत ही कम समय में श्री राजेन्द्र घुमे साहेब, संयुक्त निदेशक, व्यावसायिक शिक्षा और प्रशिक्षण क्षेत्रीय कार्यालय, पुणे द्वारा पुस्तक के प्रकाशन में उनके अमूल्य समय के लिए पुस्तक की समीक्षा की गई। मैं उनकी प्रतिक्रिया के लिए हृदय से आभारी हूँ।

पुस्तक लिखने की शुरुआत से ही निरंतर समर्थन के लिए मैं आईटीआई सतारा के प्रशिक्षक का आभारी हूं।

इस पुस्तक से, मैं खुद को धन्य मानता हूं कि मैंने आपके साथ ई-लर्निंग पर अपने विचार साझा किए। मैं यह दावा नहीं करूंगा कि यह पुस्तक पूर्ण है, क्योंकि पूर्णता को देखते हुए यह पुस्तक एक प्रयास है और अपनी शैशवावस्था में है। यदि उनका परीक्षण और सुझाव दिया जाए तो वे सुधार के लिए मूल्यवान होंगे।

मनोज डोले

दिनांक 9/1/2019

पावती (स्वीकृति)

21वीं सदी में औद्योगिक क्षेत्र में तेजी से बढ़ती मांग के अनुरूप बहु-कुशल कारीगरों की आपूर्ति के लिए व्यावसायिक शिक्षा और प्रशिक्षण विभाग के माध्यम से व्यावसायिक शिक्षा और प्रशिक्षण विभाग के माध्यम से व्यावसायिक शिक्षा और प्रशिक्षण प्रदान किया जाता है। संस्थानों के भीतर सभी व्यवसाय महत्वपूर्ण हैं, क्योंकि इन व्यवसायों के प्रशिक्षु उद्योग की मांगों के अनुसार बहु-कौशल विकसित करते हैं।

सभी व्यवसायों के लिए उपयुक्त एमसीक्यू ई-पुस्तकें उपलब्ध कराने के नेक इरादे से, यह देखते हुए कि औद्योगिक क्षेत्र के सभी उद्योगों में सभी परीक्षाएं ऑनलाइन आयोजित की जाती हैं और इसमें एमसीक्यू पद्धति के प्रश्न शामिल होते हैं। श्री मनोज मधुकर डोले ने नए वार्षिक पाठ्यक्रम के अनुसार एमसीक्यू पद्धति पर एक बहुत अच्छी ई-बुक लिखी है। यह ई-पुस्तक निश्चित रूप से सभी प्रशिक्षुओं, प्रशिक्षु उम्मीदवारों, प्रशिक्षण प्रशिक्षकों और अन्य संबंधितों के लिए एक मार्गदर्शक होगी।

पुस्तक के लेखक श्री मनोज मधुकर डोले, इंस्ट्रक्टर गॉव आईटीआई सतारा को 17 साल का प्रशिक्षण अनुभव है। एक नए वार्षिक पैटर्न के रूप में लिखी गई, यह ई-बुक प्रत्येक विषय के लिए लेआउट, सरल भाषा और सरल सिंटैक्स, आरेख और वीडियो को समझने के लिए आधुनिक डिजिटल क्यूआर कोड तकनीक को शामिल करती है। इसलिए मुझे विश्वास है कि यह ई-पुस्तक निश्चित रूप से गहन अध्ययन और परीक्षा अभ्यास के लिए उपयोगी होगी। उन्होंने जो कार्य किया है वह निश्चित रूप से काबिले तारीफ है।

श्री तुकाराम मिसाल
प्राचार्य शासकीय औद्योगिक प्रशिक्षण संस्था सातारा.

आमुख

हमारे औद्योगिक प्रशिक्षण संस्थानों की औद्योगिक प्रशिक्षण और सैद्धांतिक परीक्षा प्रणाली और इन परिवर्तनों को शिल्प प्रशिक्षकों और प्रशिक्षुओं द्वारा स्वीकार किया गया है। आपके औद्योगिक प्रशिक्षण संस्थानों में आयोजित सैद्धांतिक परीक्षाएं भी ऑनलाइन आयोजित की जाती हैं। चूंकि ये परीक्षाएं बहुविकल्पीय एमसीक्यू पद्धति की हैं, इसलिए प्रशिक्षुओं को ऐसे प्रश्नों का अधिक अभ्यास करने की आवश्यकता होगी।

इन सब बातों को ध्यान में रखते हुए श्री मनोज मधुकर, निदेशक, डोले क्राफ्ट्स, कटारी औद्योगिक प्रशिक्षण संस्थान, सतारा, ने नई वार्षिक प्रणाली और NSQF-5 के अनुसार, गहन अध्ययन किया है और अपनी मेहनत से और अपनी गहरी बुद्धि को जोड़ा है। पाठ्यक्रम, कटारी और अन्य मशीन ट्रेडों की ई-बुक। -बुक) और उन्होंने प्रशिक्षण को आसान बनाने के लिए सैद्धांतिक विषयों पर मोबाइल ऐप और ब्लॉग बनाए हैं और इन सभी शैक्षिक सामग्री को विश्व प्रसिद्ध वेबसाइटों Google Play Store, Amazon और Apple Book Store पर डाउनलोड के लिए उपलब्ध कराया है। प्रिंट संस्करण बनाकर और क्यूआर कोड जैसी उन्नत तकनीकों का उपयोग करके प्रशिक्षण को आसान बना दिया गया है।

ये सभी शैक्षिक सामग्री निश्चित रूप से सभी प्रशिक्षुओं के लिए गहन अध्ययन के लिए और शिल्प प्रशिक्षकों और अन्य संबंधितों के लिए एक मार्गदर्शक होगी जो व्यावसायिक प्रशिक्षण प्रदान कर रहे हैं।

1

रेफ्रिजरेशन अँड एअर कंडिशन टेक्निशियन RACT प्रथम वर्ष हिंन्दी QR Code Images

Download App
Online Test Exam
ITI Books
AutoCAD CAM
JOB & Apprentice
Online Theory
Computer Course
Trading Course
CNC Course
MSCIT Course
Shopping Business
Internet Business
Web Designing
Online Services
Top Sportsmans
Indian Army
Freedom Fighters
Top Scientists
Social Reformers
Motivational Speaker
Top Richest People
Join WhatsApp Group
Join Facebook Group
Like Facebook Page
PAN / Adhar / Licence
Passport

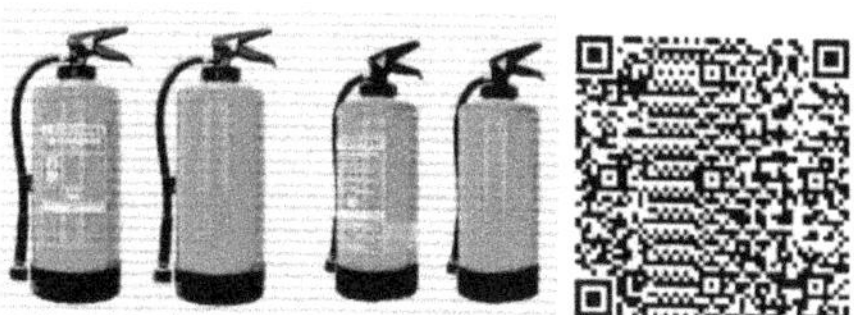

Fire extinguisher

Calliper

Hacksaw frame

Universal surface guage

Hammer

Centre punch

Bench vice

Files

Scraper

Surface Plate

Outside Micrometer

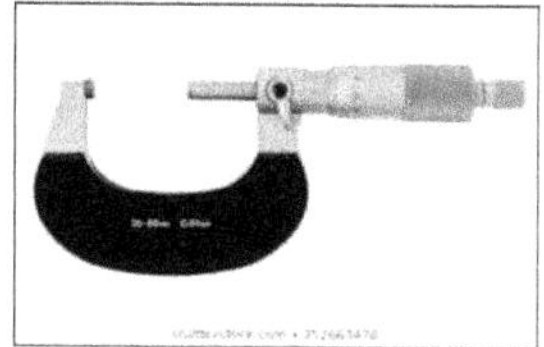

Micrometer

Depth micrometer

Vernier Calliper

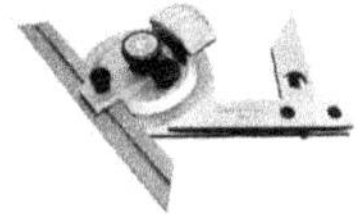

Vernier bevel protractor

Drilling

Reamer

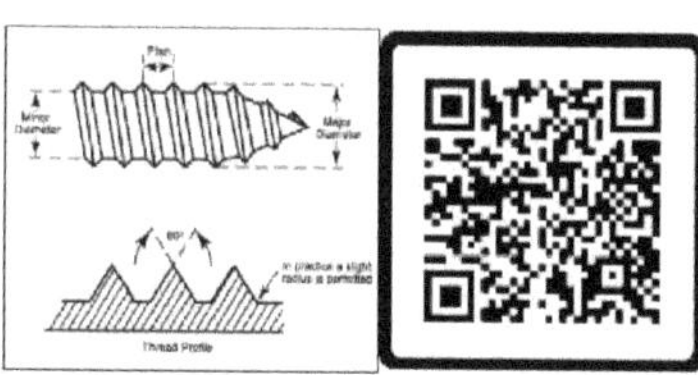

Thread

Tap Die

Grinding Wheel

Tap Die

Centre gauge

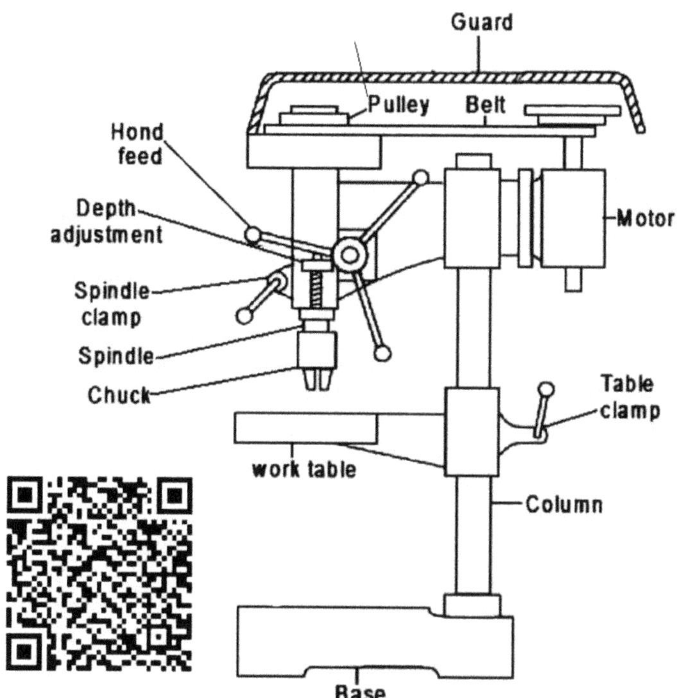

Piller Drilling Machine

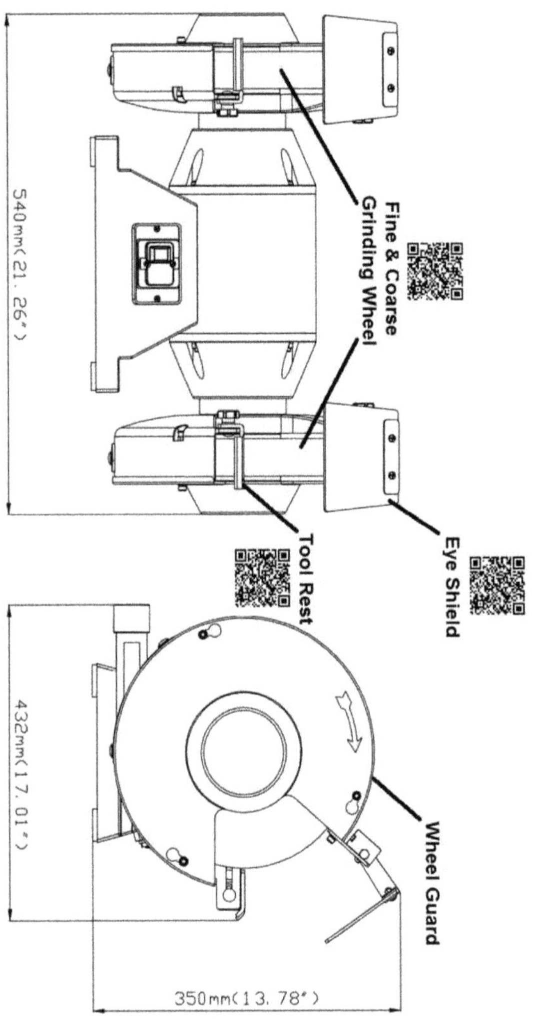

Sheet Metal Tools

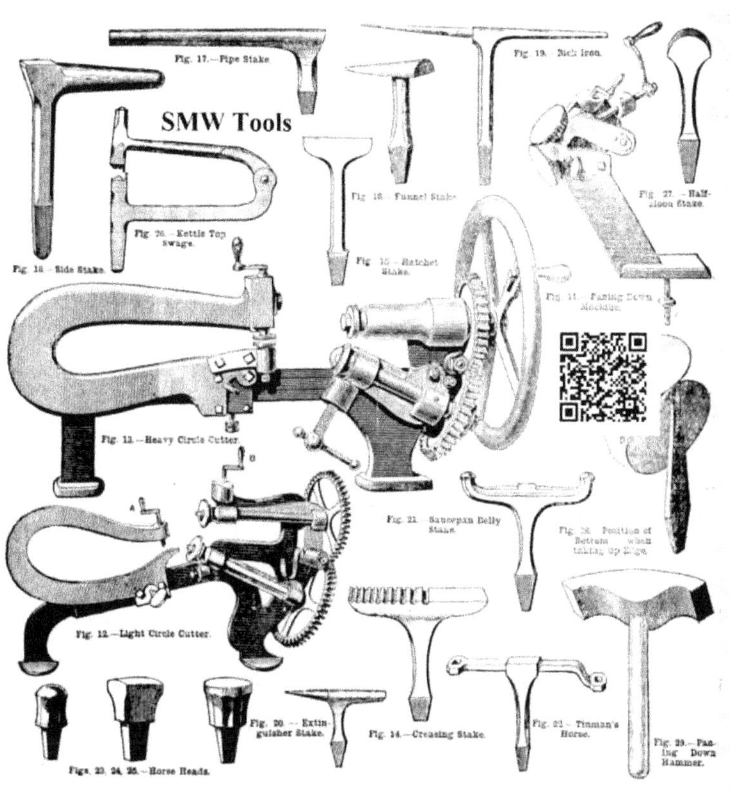
SMW Tools
Fig. 17.—Pipe Stake
Fig. 19.—Bick Iron.
Fig. 27.—Half-Moon Stake.
Fig. 18.—Side Stake.
Fig. 26.—Kettle Top Swage.
Fig. 15.—Hatchet Stake.
Fig. 11.—Paning Down Machine.
Fig. 13.—Heavy Circle Cutter.
Fig. 21.—Saucepan Belly Stake.
Fig. 12.—Light Circle Cutter.
Figs. 23, 24, 25.—Horse Heads.
Fig. 20.—Extinguisher Stake.
Fig. 14.—Creasing Stake.
Fig. 21.—Tinman's Horse.
Fig. 29.—Paning Down Hammer.

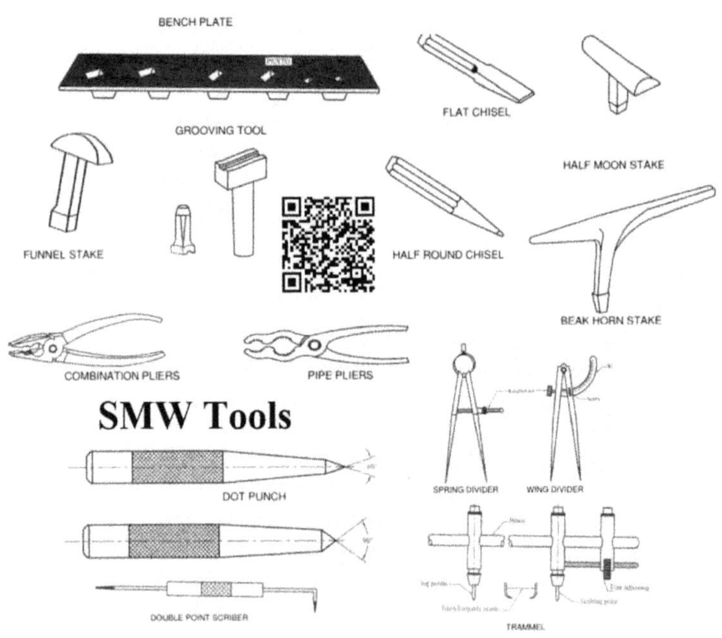
BENCH PLATE
FLAT CHISEL
GROOVING TOOL
HALF MOON STAKE
FUNNEL STAKE
HALF ROUND CHISEL
BEAK HORN STAKE
COMBINATION PLIERS
PIPE PLIERS
SMW Tools
DOT PUNCH
SPRING DIVIDER
WING DIVIDER
DOUBLE POINT SCRIBER
TRAMMEL

BATTERY
battery
capacitor

cell
dynamometer
N
S
Battery
electromagnet
heater
Magnetic Field
Current Change
Induced Voltage
Mutual Inductance Model
inductance
magnet
megger
motor

multimeter
ohmmeter
resistores
star connected alternator
voltmeter ammeter
wattmeter
V
kW

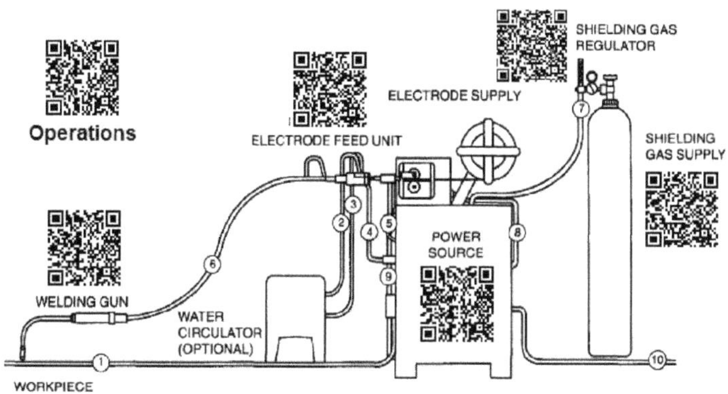

Gas Metal Arc Welding

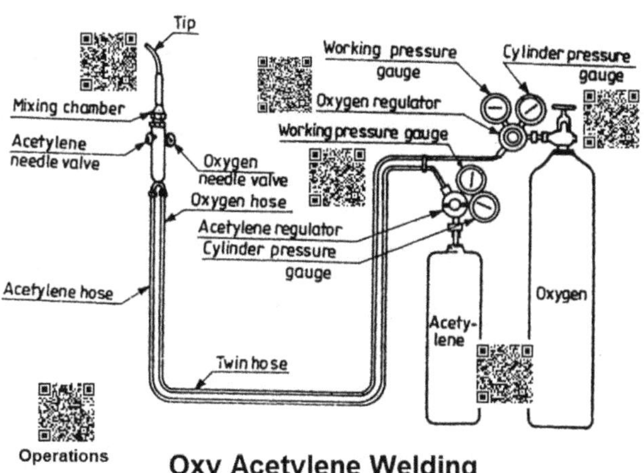

Oxy Acetylene Welding

Three phase star connected autotransformer
Change over switch
Stator winding
Start
Three phase supply
Run
Squirrel cage rotor
Fig. 7.2 Autotransformer starter
A/C Evaporator Core
A/C Expansion Valve
A/C In-line Filter Kit
A/C Receiver Drier
A/C Hose Assembly
A/C Condenser
Belt
A/C Compressor
High Side Flow
Low Side Flow
car ac
Freezer cabinet
Coil
Condenser
Discharge line
Capillery
Section line
Sealed compressor
Refrigerator system
condenser
Suction Valve Plate
Discharge Valve Header Ass'y
Discharge Header Safety Spring
Suction Shutoff Valve
Relief Valve (High to Low)
Motor Stator
Motor Rotor
Discharge Shutoff Valve
Pressure and Scavenger Oil Pump Assembly
Oil Filter
Oil Charging and Drain Valve
Crankcase Heater Well (Two Used)
Oil Pump Strainer
Scavenger Oil Strainer
Suction Strainers

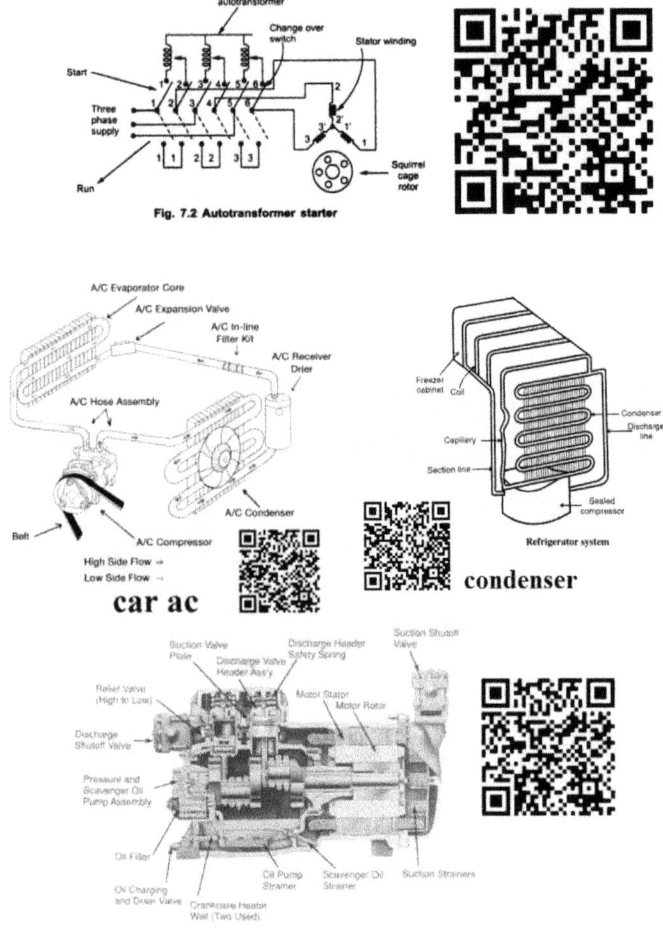

compressor

Motor
Suction
Suction valve
Welded
Discharge
Piston
Discharge valve
Oil
compressor
Connection from bulb to bellows
Bellows
Push pins
From evaporator
Liquid inlet through strainer
Liquid to evaporator
Valve disc
Spring
Adjusting spindle
Thermostatic expansion valve
I
S_C
I_M
R_M
Main Winding
1- Phase supply
V
Rotor
C_S
X_M
R_A
X_A
I_A
Auxiliary Winding

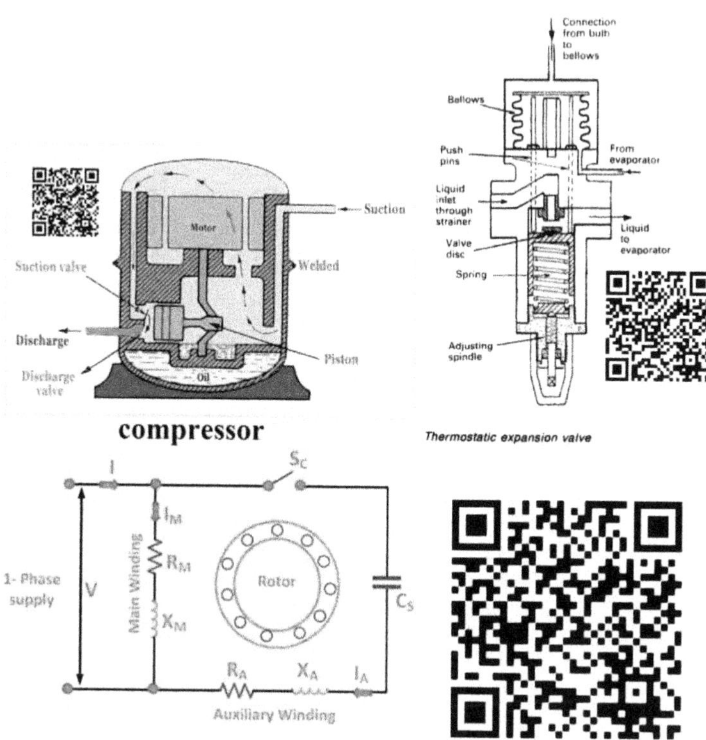

CSIR motor

Flooded type evaporator.

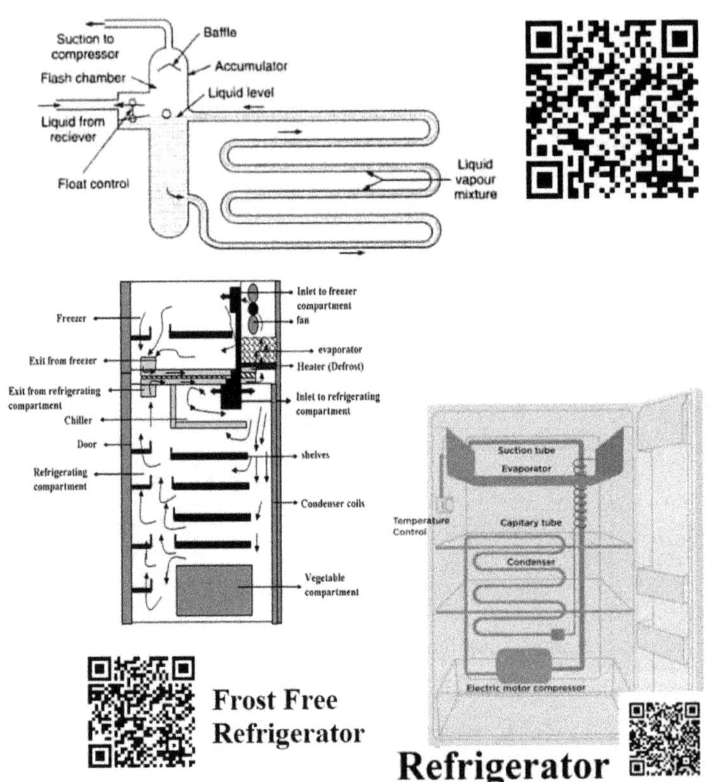

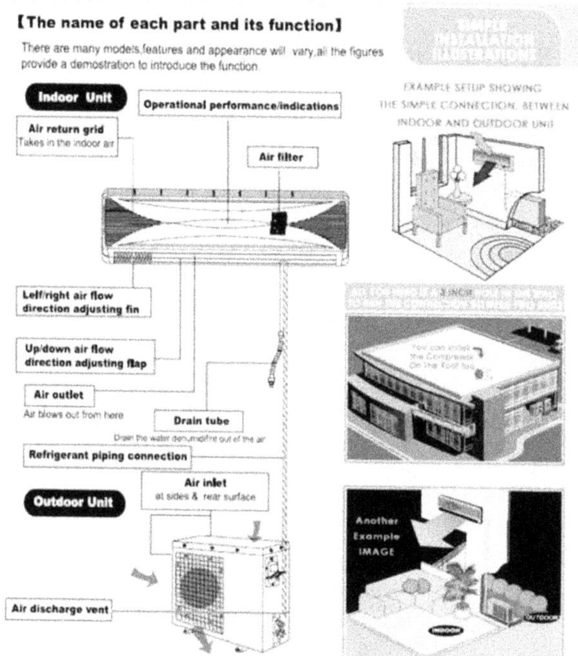

inverter split ac

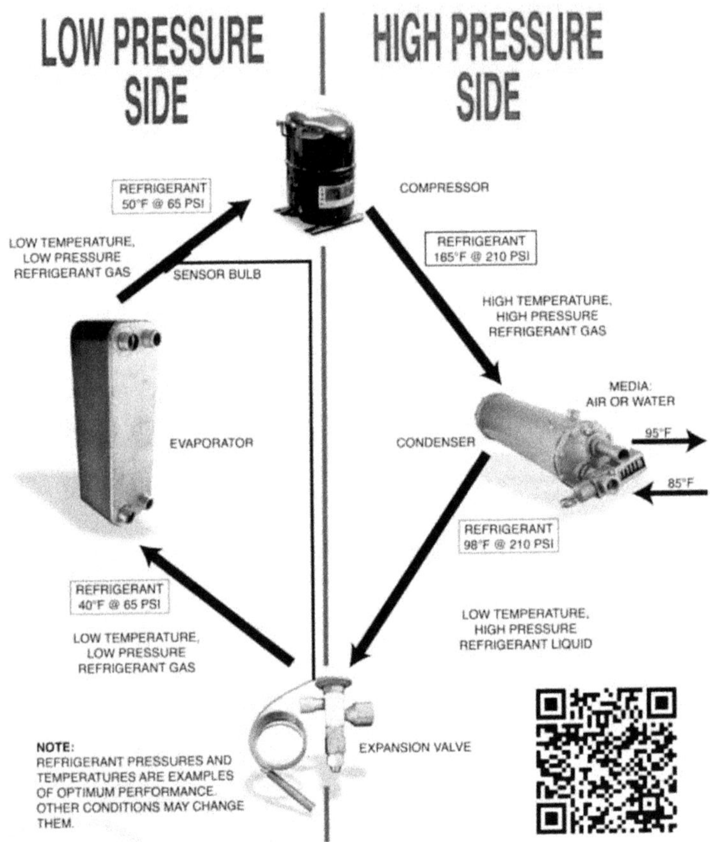
LOW PRESSURE SIDE
HIGH PRESSURE SIDE
REFRIGERANT 50°F @ 65 PSI
COMPRESSOR
LOW TEMPERATURE, LOW PRESSURE REFRIGERANT GAS
SENSOR BULB
REFRIGERANT 165°F @ 210 PSI
HIGH TEMPERATURE, HIGH PRESSURE REFRIGERANT GAS
MEDIA: AIR OR WATER
EVAPORATOR
CONDENSER
95°F
85°F
REFRIGERANT 98°F @ 210 PSI
REFRIGERANT 40°F @ 65 PSI
LOW TEMPERATURE, HIGH PRESSURE REFRIGERANT LIQUID
LOW TEMPERATURE, LOW PRESSURE REFRIGERANT GAS
NOTE: REFRIGERANT PRESSURES AND TEMPERATURES ARE EXAMPLES OF OPTIMUM PERFORMANCE. OTHER CONDITIONS MAY CHANGE THEM.
EXPANSION VALVE

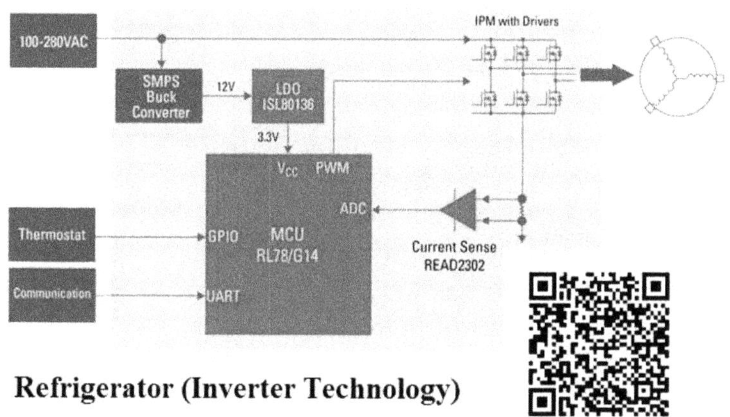

Refrigerator (Inverter Technology)

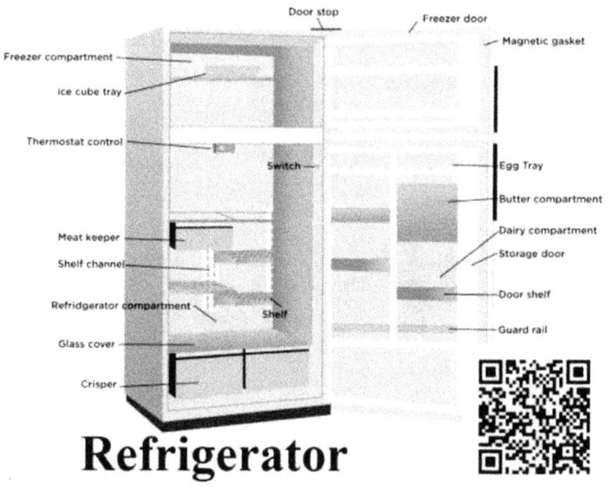

Refrigerator

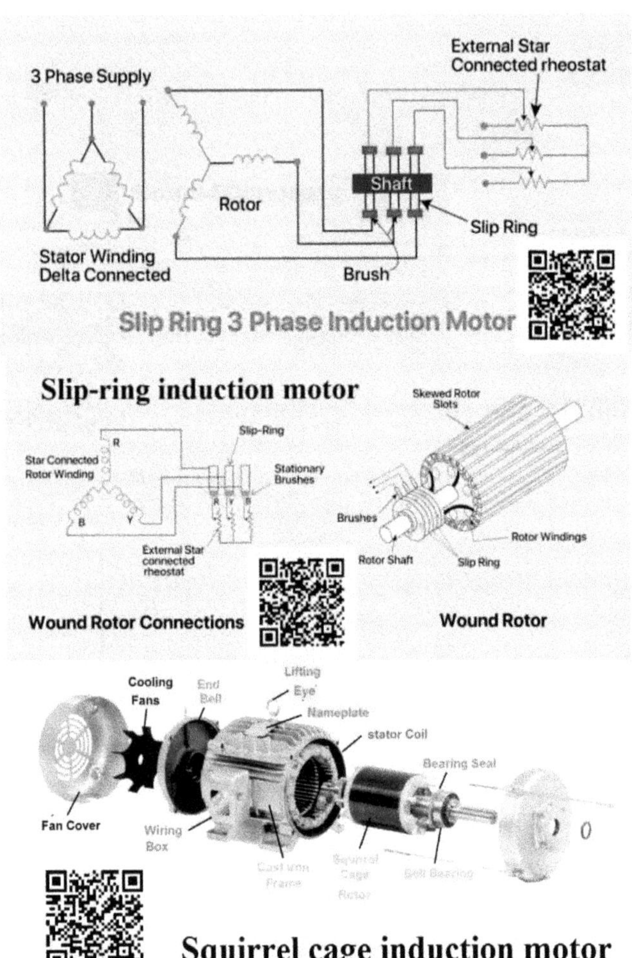
External Star
Connected rheostat
3 Phase Supply
Shaft
Rotor
Slip Ring
Stator Winding
Delta Connected
Brush
Slip Ring 3 Phase Induction Motor
Slip-ring induction motor
Skewed Rotor
Slots
Slip-Ring
Star Connected
Rotor Winding
Stationary
Brushes
Brushes
External Star
connected
rheostat
Rotor Windings
Rotor Shaft
Slip Ring
Wound Rotor Connections
Wound Rotor
Lifting
Eye
Cooling
Fans
End
Bell
Nameplate
stator Coil
Bearing Seal
Fan Cover
Wiring
Box
Squirrel cage induction motor

Vapour Compression Refrigeration System
Low Pressure Vapor
Evaporator
Expansion Valve
High Pr. High Temp. Liquid
Low Pr. Low Temp. Liquid + Vapor
Condenser
Compressor
Pressure Gauge
High Pr. High Temp. Vapor
Compressor
Fan
Controls
Cold Coil
Dust Filter
Outdoors
Fan
Hot Coil
Capillary Tube
Indoors

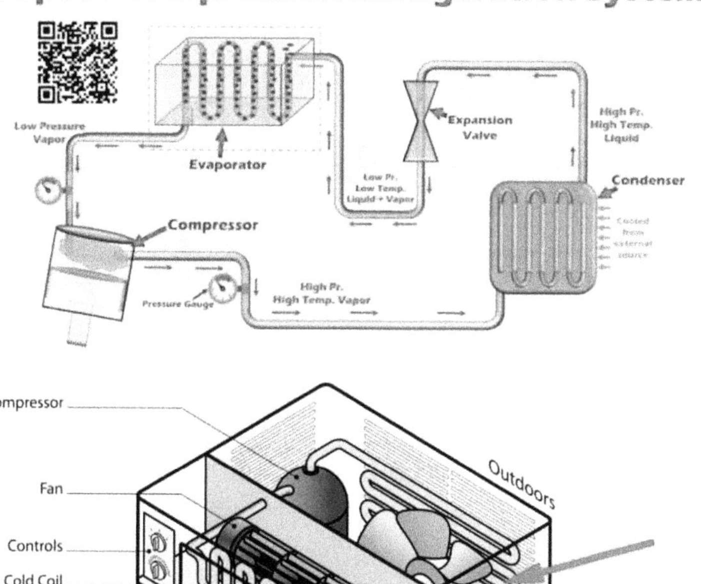

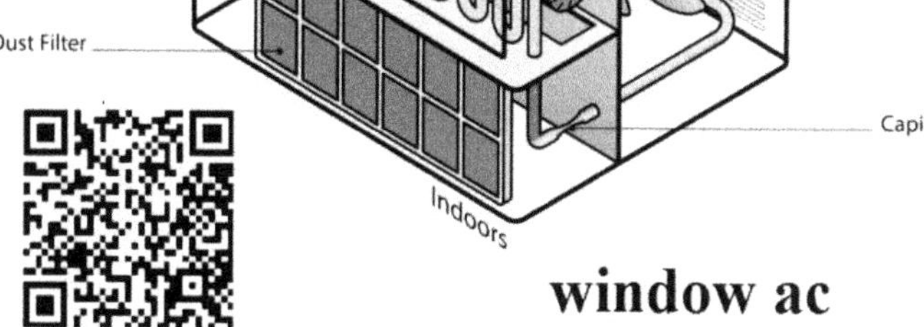

window ac

2

रेफ्रिजरेशन अँड एअर कंडिशन टेक्निशियन RACT प्रथम वर्ष हिंन्दी MCQ

1] कौन सी वर्कशॉप सेफ्टी है?

<u>ए] दुकानकेफर्शकोसाफऔरग्रीस, तेलयाअन्यफिसलनसामग्रीसेमुक्तरखें</u>

बी] गति बदलने से पहले मशीन बंद करो

सी] फटे या चिपके हुए औजारों का प्रयोग न करें

D] चल रही मशीन को हाथ से रोकने की कोशिश न करें

2] पर्सनल प्रोटेक्ट इक्विपमेंट (पीपीई) में हेल्मेट का उपयोग किया जाता है

<u>ए] सिरकीरक्षाकरें</u>

बी] आंखों की रक्षा करें

सी] हाथों की रक्षा करें

डी] कानों की रक्षा करें

3] निम्नलिखित में से कौन सामान्य सुरक्षा से संबंधित है?

A एक कार्यकर्ता को अच्छे व्यवहार में रखें

बी] काम साफ और स्पष्ट

सी] अपने काम पर ध्यान लगाओ

<u>डी] फर्शऔरगैंगवेकोसाफऔरसाफरखें</u>

4] पीसते समय आंखों की सुरक्षा के लिए किसका प्रयोग किया जाता है?

ए] गहरा हरा कांच

बी] मुखौटा

सी] धूप का चश्मा

डी] सुरक्षाचश्मा

5] मशीन सुरक्षा के लिए निम्नलिखित में से क्या किया जाता है?

ए] मशीनशुरूकरनेसेपहलेतेलकेस्तरकीजांचकरें

बी] चीजों को व्यवस्थित तरीके से करें

सी] फर्श और गैंगवे को साफ और साफ रखें

डी] डाई और स्कार्फ का प्रयोग न करें

6] पर्सनल प्रोटेक्ट इक्विपमेंट (पीपीई), 'स्लीव्स' का इस्तेमाल ---------- की सुरक्षा के लिए किया जाता है

एक चेहरा

बी] आंखें

सी] कान

डी] हाथ

7] एबीसी का मतलब --------------

ए] स्वचालित श्वास नियंत्रण

बी] स्वचालित रक्त नियंत्रण

सी] वायुमार्गश्वासपरिसंचरण

डी] स्वचालित रक्त परिसंचरण

8] आग और आग बुझाने वाले यंत्र

fire extingusher Fire Extingusher

अग्निशामक: आग

9] "क्लास बी" की आग को बुझाने के लिए किस प्रकार के अग्निशामक यंत्र का उपयोग किया जाता है ....

ए] शुष्कशक्ति

बी] कार्बन डाइऑक्साइड

सी] पानी की जेट

डी] फोम प्रकार

10] सामान्य आग को बुझाने के लिए किस प्रकार के अग्निशामक यंत्र का उपयोग किया जाता है?

ए] जलप्रकारबुझानेवाला

बी] फोम प्रकार बुझाने वाला

सी] शुष्क रासायनिक पाउडर एक्सटिंगुइशर

डी] कार्बन डाइऑक्साइड (C02] बुझाने वाला)

11] खून बहने की स्थिति में उपचार करें

डी] ठंडा 3" और आराम

ए] ठंडेपानीकाछिड़कावकरें

बी] तुरंत पट्टी -----।

बी] दुर्घटना विचार उपचार के बारे में पूछताछ

safety workshop safety

12] दुर्घटना की स्थिति में पीड़ित को

ए] आराम करने के लिए कहा

सी] तुरंतभागलिया

डी] उसे छोड़ दो

13] प्राथमिक उपचार किसी घायल या बीमार व्यक्ति को प्राथमिक रूप से दिया जाता है....

ए] जीवन बचाओ

बी] मफ की और गिरावट को रोकें

सी] सर्वोत्तम संभव आराम दें

डी] येसभी

14] बेकार कागज को अलग करने के लिए डिब्बे का रंग कोड है -----

ए] नीलारंग

बी] पीला रंग

सी] लाल रंग

डी] हरा रंग

15] जापानी में Seiko का अर्थ -------------- होता है

ए] शाइन

बी] क्रमबद्ध करें
सी] मानकीकरण
डी] सस्टेनेबल
16] एसएस प्रणाली का लाभ है ------
ए] उत्पादकता में वृद्धि
बी] गुणवत्ता में वृद्धि
सी] समय की बर्बादी में कमी
डी] येसभी
17] सुरक्षा है -----------
ए] किसी का व्यवसाय नहीं
बी] हरबॉडीबिजनेस
सी] कुछ निकायों का व्यवसाय
डी] संगठन व्यवसाय
18] सुरक्षा चिन्हों की बुनियादी श्रेणियों के लिए "निषेध" चिन्ह का अर्थ उपलब्ध है ----
ए] दिखाताहैकियहनहींकियाजानाचाहिए
बी] दिखाता है कि क्या किया जाना चाहिए
सी] खतरे या खतरे की चेतावनी देता है
डी] सुरक्षा प्रावधान की जानकारी देता है
18] एक माइक्रोमीटर (U) बराबर होता है...
ए] 0.1 मिमी
बी] 0.01 मिमी
सी] 0.001 मिमी
डी] 0.0001 मिमी
19] एक स्लॉट की चौड़ाई मापने के लिए कैलीपर है...
ए] अजीब पैर कैलिपर
बी] बाहरी कैलिपर
सी] जेनी कैलिपर
डी] कैलिपरकेअंदर

caliper hand tools

कैलिपर

20] डिवाइडर का आकार ----------- द्वारा निर्दिष्ट किया जाता है

ए] पैरों की कुल लंबाई

बी] पूरी तरह से खुलने पर बिंदुओं के बीच की दूरी

सी] बिना बिंदुओं के पैरों की लंबाई

डी] धुरीऔरबिंदुकेबीचकीदूरी

21] डेटम किनारे के समानांतर समानांतर रेखाओं को चिह्नित करने के लिए इस्तेमाल किया जाने वाला उपकरण है -

ए] जेनीकैलिपर

बी] डिवाइडर

सी] बाहरी कैलिपर

डी] कैलिपर के अंदर

22] निम्नलिखित में से कौन सा एक अप्रत्यक्ष माप उपकरण है?

ए] बाहरीकैलिपर

बी] वर्नियर कैलिपर

सी] स्टील नियम

डी] बाहरी माइक्रोमीटर

23] पतली टयूबिंग काटने के लिए, हैक्सॉ ब्लेड की सबसे उपयुक्त पिच है...

ए] 1.8 मिमी

बी] 1.4 मिमी

सी] 1 मिमी

डी] 0.8 मिमी

24] ठोस पीतल काटने के लिए, हैक्सॉ ब्लेड की सबसे उपयुक्त पिच है...

ए] 1.8 मिमी

बी] 1.4 मिमी

सी] 1 मिमी

डी] 0.8 मिमी

hacksaw Hacksaw Frame Blade

हक्सॉ फ्रेम

25] एक नया हैक्सॉ ब्लेड कुछ स्ट्रोक के बाद ढीला हो जाता है क्योंकि...

ए] ब्लेडकाखिंचाव

बी] विंग-अखरोट के धागे खराब हो रहे हैं

सी] ब्लेड की गलत पिच

डी] आरी के सेट का अनुचित चयन।

26] छोटे व्यास के पाइपों को काटते समय नियमित रूप से देखने और यह सुनिश्चित करने की सलाह दी जाती है कि...

ए] कट घुमावदार रेखा के साथ है

बी] अधिकदेखादांतअनुबंधमेंहैं

सी] काम ज़्यादा गरम नहीं है

डी] हैकसॉ का उचित संतुलन बनाए रखा जाता है

27] वाइस क्लैम्प का उपयोग किया जाता है ...

ए] कठोर जबड़े की रक्षा करें

बी] काम के टुकड़ों को सख्ती से जकड़ें

सी] तैयारसतहोंकीरक्षाकरें

डी] जंगम जबड़े को दाखिल होने से रोकें

28] अंकन के दौरान संदर्भ सतह द्वारा प्रदान की जाती है ...

ए] भूतल गेज

बी] वर्कपीस

सी] काम का चित्रण

डी] तालिकाकीसतहकोचिह्नितकरना

29] एक इंजीनियर के वाइस का आकार किसके द्वारा निर्दिष्ट किया जाता है...

ए] जंगम जबड़े की लंबाई

बी] जबड़ेकीचौड़ाई

सी] वाइस की ऊंचाई

D] जबड़ों का अधिकतम खुलना

30] यूनिवर्सल सरफेस गेज का वह भाग जो एक डेटम एज के साथ समानांतर रेखा खींचने में मदद करता है, वह है ..

ए] रॉकर आर्म

बी] सुखद

सी] ठीक समायोजन पेंच

डी] गाइडपिन

universal surface gauge	Surface Gauge

यूनिवर्सल सरफेस गेज

31] स्क्राइबर किससे बने होते हैं...

ए] माइल्ड स्टील

बी] <u>उच्चकार्बनस्टील</u>

सी] पीतल

डी] कच्चा लोहा

32] हथौड़े के हैंडल को ठीक करने के लिए इस्तेमाल किया जाने वाला हिस्सा है...

एक चेहरा

बी] पीन

सी] गाल

डी] <u>आँखकाछेद</u>

33] अंकन के उद्देश्य के लिए हथौड़े का वजन है...

ए] <u>250g</u>

बी] 500g

सी] 1 किलो

डी] 2 किग्रा

hammer Hammers

हथौड़ा

34] डिवाइडर का आकार किसके द्वारा निर्दिष्ट किया जाता है...
ए] पैरों की कुल लंबाई
बी] पूरी तरह से खुलने पर बिंदुओं के बीच की दूरी
सी] बिंदुओं के बिना पैरों की लंबाई
डी] धुरीऔरबिंदुकेबीचकीदूरी
35] 'वी' ब्लॉक के खांचे का सम्मिलित कोण हमेशा होता है....
ए] 45◦
बी] 60◦
सी] 90◦
डी] 120◦
36] 'वी' ब्लॉक ग्रेड में उपलब्ध हैं ...
ए] एऔरबी
बी] ए, बी और सी
सी] 1,2 और 3
डी] 1 और 2
37] ग्रेड 'बी' के 'वी' ब्लॉक के बने होते हैं
ए] कच्चालोहा
बी] हल्के स्टील
सी] स्टील
डी] कास्ट स्टील
38] केंद्र का पता लगाने के लिए इस्तेमाल किए जाने वाले पंच का नाम बताइए।
A] प्रिक पंच 30°
B] प्रिक पंच 60°
सी] केंद्रपंच
डी] डॉट पंच

Centre punch 1 Punches

केंद्र पंच

39] सेंटर पंच का पॉइंट एंगल -------- होता है

ए] 30 डिग्री

बी] 50 डिग्री

सी] 900

डी] 1200

40] पंचों का उपयोग किसी भी आकार के ---------- बनाने के लिए किया जाता है

ए] छेद

बी] खनन

सी] नूरलिंग

सपना देखना

41] आम तौर पर वाइस के हैंडल की लंबाई ---------- होती है

ए] वाइस के सामान्य आकार का 1.5 गुना

बी] वाइसकेसामान्यआकारका 2.5 गुना

सी] वाइस के सामान्य आकार का 3.5 गुना

डी] वाइस के सामान्य आकार का 4.5 गुना

bench vice Bench Vice

बेंच वाइस

42] बेंच वाइस स्पिंडल .... का बना होता है।

ए] माइल्डस्टील

बी] कच्चा लोहा

सी] टूल स्टील

डी] कांस्य

43] फाइलों की उत्तलता मदद करती है...

ए] अवतल सतहों को फाइल करने के लिए

बी] उत्तल सतहों को फाइल करने के लिए

सी] कामकेकिनारोंकोगोलकरनेसेरोकनेकेलिए

D] दबाव डालने पर फाइल सीधी हो जाती है

files 1 Files

फ़ाइलें

44] लकड़ी, चमड़ा और अन्य नरम सामग्री भरने के लिए किस फाइल का उपयोग किया जाता है? .

ए] सिंगल कट फाइल

बी] डबल कट फ़ाइल

सी] रास्पकटफ़ाइल

डी] घुमावदार कट फ़ाइल

45] प्रयुक्त फाइल का प्रयोग ------------ के लिए किया जाता है

ए] काम के टुकड़े की सफाई

सी] फ़ाइल दांतों का नवीनीकरण

बी] फाइलदांतोंकीसफाई

डी] चिप्स की सफाई

46] फाइल कार्ड का उपयोग -------- के लिए किया जाता है

ए] काम के टुकड़े को साफ करें

सी] फ़ाइल दांत नवीनीकृत करें

बी] फाइलदांतसाफकरें

47] स्क्राइबर का बिंदु कोण ----------- है

ए] 30 डिग्री

बी] 60 डिग्री

सी] 5° से 10°

डी] 12° से 15°

48] कच्चा लोहा काटने के लिए काटने का कोण है...

ए] 37.5◦

बी] 55◦

सी] 60◦

डी] 90◦

chisel hand tools

49] छेनी सामग्री में खोदेगी जब...

ए] रेक कोण अधिक है

बी] निकासी कोण बहुत कम है

सी] झुकावकाकोणअधिकहै

डी] झुकाव का कोण बहुत कम है

50] अत्याधुनिक को थोड़ा उत्तलता दी जाती है...

ए] घुमावदार सतहों को काटें

बी] तेज कोनों को काटें

सी] सिरोंकीखुदाईरोकें

डी] स्नेहक को प्रवेश करने दें

51] सरफेस प्लेट्स किसकी बनी होती हैं...

ए] उच्च ग्रेड कास्ट स्टील

बी] महीनदानेवालाकच्चालोहा

सी] मिश्र धातु स्टील्स

डी] गढ़ा लोहा

52] सतह की प्लेटें उनकी लंबाई और चौड़ाई से निर्दिष्ट होती हैं और में होती हैं
ए] डेसीमीटर
बी] घन मीटर
सी] बेलनाकार
53] एंगल प्लेट के बिना मशीनी हिस्से पर पसलियों को दिया जाता है...
ए] आसान हैंडलिंग
बी] निर्माण में सुविधा
सी] मशीनों पर सेट करते समय क्लैंपिंग
डी] कठोरताऔरविरूपणकोरोकनेकेलिए
54] एंगल प्लेट पर स्लॉट किसके लिए दिए गए हैं...
ए] वजन कम करना
बी] काम को संरेखित करना
सी] हुक का उपयोग करके उठाना
डी] समायोजितबोल्ट।
55] कोण प्लेटों का आकार किसके द्वारा बताया गया है...
भार
बी] लंबाई
सी] लंबाई x चौड़ाई
डी] आकारसंख्या
56] हाई स्पीड पार्टिंग ऑफ के लिए सीमेंटेड कार्बाइड जैसी सामग्री पर काम है'
ए] सभी मशीन करो
बी] मशीन काटना
सी] हेवीड्यूटीपावरदेखा
डी] खनन मशीन बैठे देखा
57] गन मेटल तांबे की मिश्र धातु है, ------------
ए] टिनऔरजस्ता
बी] सीसा और जस्ता
सी] जिंक और निकल
डी] सीसा और निकल

58] ढलवां लोहे का उपयोग मशीन बेड के निर्माण के लिए किया जाता है क्योंकि -------

ए] यहअधिकसंपीड़नतनावकाविरोधकरसकताहै

बी] यह वजन में भारी है

C] यह सस्ती धातु है

D] यह एक भंगुर धातु है

59] माइक्रोमेट्रिक के बाहर एक मीट्रिक की शुद्धता या न्यूनतम गणना --------- होती है

ए] 0-1 मिमी

बी] 0.01 मिमी

सी] 0.001 मिमी

डी] 0.02 मिमी

micrometer Out Side Micrometer

60] 1000 माइक्रोन का अर्थ है -----

ए] 1 मिमी

बी] 1 एम

सी] 1000 मिमी

डी] 10 सेमी

61] एक मीट्रिक माइक्रोमीटर में, थिम्बल अग्रिमों की एक पूर्ण क्रांति ------------

ए] 0.01 मिमी

बी] 0.25 मिमी

सी] 0.50 मिमी

डी] 1.00 मिमी

micrometer2 Out Side Micrometer

माइक्रोमीटर

62] माइक्रोमीटर में शाफ़्ट स्टॉप ------------ में मदद करता है

ए] दबावकोनियंत्रितकरें

बी] स्पिंडल को लॉक करें

सी] शून्य त्रुटि समायोजित करें

डी] काम के टुकड़े को पकड़ो

63] 1000 माइक्रोन का मतलब -------------

ए] 1 मिमी

बी] 1 एम

सी] 1000 मिमी

डी] 10 सेमी

64] माइक्रोमीटर के बाहर 50-75 मिमी की शून्य रीडिंग क्या है?

ए] 0.000 मिमी

बी] 0.01 मिमी

सी] 25.00 मिमी

डी] 50.00 मिमी

65] माइक्रोमीटर के बाहर एक मीट्रिक की आस्तीन पर सबसे छोटे विभाजन का मान है -----

ए] 0.50 मिमी

बी] 1.00 मिमी

सी] 1.50 मिमी

डी] 2.00 मिमी

66] माइक्रोमीटर में शाफ़्ट स्टॉप --------- में मदद करता है

ए] दबावकोनियंत्रितकरें

बी] स्पिंडल को लॉक करें

सी] शून्य त्रुटि समायोजित करें

डी] काम के टुकड़े को पकड़ो

67] गहराई माइक्रोमीटर की न्यूनतम संख्या है

ए] 0.5 मिमी

बी] 0.2 मिमी

सी] 0.001 मिमी

डी] 0.01 मिमी

Depth micrometer 1 Depth Micrometer

गहराई माइक्रोमीटर

68] वर्नियर कैलिपर की अल्पतम संख्या है (मुख्य पैमाना = 49 डिवीजन, वर्नियर स्केल = 50 डिवीजन]

ए] 0.1 मिमी

बी] 0.01 मिमी

सी] 0.001 मिमी

डी] 0.02 मिमी

vernier calliper 1 Vernier Caliper 1

वर्नियर कैलिपर

69] वर्नियर कैलिपर का उपयोग करके किए गए माप का प्रकार है------

ए] प्रत्यक्ष माप

बी] अप्रत्यक्षमाप

सी] 90"] (ए) 81 (बी]

डी] इनमें से कोई नहीं

76] टेंपर शैंक ड्रिल मशीन पर किसके माध्यम से आयोजित की जाती है...

ए] चक्स

<u>बी] आस्तीन</u>

सी] बहाव

डी] वाइस

drilling

taper shank drills machine

77] ड्रिल चक को ड्रिलिंग मशीन स्पिंडल पर किस माध्यम से फिट किया जाता है...

ए] घुमावदार अंगूठी

<u>बी] आर्बोर</u>

सी] बहाव

डी] पिनियन और कुंजी

78] अभ्यास पर प्रदान किया गया मोर्स टेपर के बीच...

ए] <u>एमटी 1 सेएमटी 5</u>

बी] मीट्रिक टन 1 से मीट्रिक टन 4

सी] एमटी 0 से एमटी 5

डी] एमटी 0 से एमटी 4

79] एक बहाव के लिए प्रयोग किया जाता है ...

ए] एक ड्रिल स्थान बनाना

बी] मशीन स्पिंडल पर चक फिक्सिंग

C] टूटी हुई ड्रिल को काम से हटाना

डी] <u>मशीनस्पिंडलसेड्रिलकोहटाना</u>

80] जब ड्रिल का टेंपर शैंक मशीन स्पिंडल से बड़ा होता है, तो ड्रिल को होल्ड करने का उपकरण एक...

ए] ड्रिल आस्तीन

बी] <u>टेपरसॉकेट</u>

सी] ड्रिल बहाव

डी] चक और कुंजी

81] ड्रिलिंग मशीन में माइल्ड स्टील की ड्रिलिंग के लिए उपयुक्त कटिंग फ्लुइड है...

ए] सिंथेटिक घुलनशील तेल

बी] साफ तेल

सी] आसुत जल

डी] <u>घुलनशीलतेल</u>

82] रेडियल ड्रिलिंग मशीन की एक विशेष विशेषता है...

ए] इसका उपयोग एचएसएस ड्रिल के साथ ड्रिलिंग के लिए किया जा सकता है

बी] तालिका को किसी भी स्थिति में स्थानांतरित और सेट किया जा सकता है

सी] विभिन्न प्रकार की गति उपलब्ध है

डी] <u>धुरीकोकिसीभीस्थितिमेंलायाजासकताहै</u>

piller

drilling machine drilling-machine-spindle

83] अभ्यास का बिंदु कोण निर्भर करता है...

ए] ड्रिल का आकार

बी] मशीन का प्रकार

सी] <u>कामकीसामग्री</u>

डी] ड्रिल का आरपीएम

84] एक मानक ड्रिल के लिए बिंदु कोण है...

ए] 60◦

बी] 108◦

सी] <u>118◦</u>

डी] 135◦

85] पेचदार कोण निर्धारित करता है...

ए] कटिंग एंगल

बी] कोण चबाना

सी] <u>रेककोण</u>

डी] होंठ कोण

86] ड्रिल का निकासी कोण किसके बीच है...

ए] 3◦ से 5◦

बी] <u>8◦ से 12◦</u>

सी] 12◦ से 20◦

डी] 15◦ से 20◦

87] एक दूरस्थ स्थान में (बिजली उपलब्ध नहीं है) एक रेल ट्रैक को ड्रिल किया जाना है। सही ड्रिलिंग मशीन चुनें

ए] रेडियल ड्रिलिंग मशीन

बी] स्तंभ ड्रिलिंग मशीन

सी] <u>शाफ़्टड्रिलिंगमशीन</u>

डी] संवेदनशील ड्रिलिंग मशीन

drilling drilling machine

ड्रिलिंग

88] एक बढ़ई द्वारा कैबिनेट बनाने के लिए इस्तेमाल की जाने वाली ड्रिलिंग मशीन एक...

ए] शाफ़्ट ड्रिलिंग मशीन

बी] रेडियल ड्रिलिंग मशीन

सी] <u>ब्रेस्टड्रिलिंगमशीन</u>

डी] संवेदनशील ड्रिलिंग मशीन

89] निम्नलिखित में से कौन सी ड्रिलिंग मशीन का उपयोग ड्रिलिंग छेद के लिए किया जाता है जहां बिजली उपलब्ध नहीं होती है?

ए] बेंच ड्रिलिंग मशीन

बी] स्तंभ ड्रिलिंग मशीन

सी] रीडायल ड्रिलिंग मशीन

<u>डी] शाफ़्टड्रिलिंगमशीन</u>

90] निम्नलिखित में से किस ड्रिलिंग मशीन का उपयोग भारी काम के लिए किया जाता है?

ए] बेंच ड्रिलिंग मशीन

बी] स्तंभ ड्रिलिंग मशीन

<u>सी] रेडियलड्रिलिंगमशीन</u>

डी] इलेक्ट्रिक हैंड ड्रिलिंग मशीन

91] ड्रिल चक को मशीन स्पिंडल पर किस माध्यम से रखा जाता है?

ए] आर्बर

बी] बहाव

सी] ड्रा-इन बार

डी] चक अखरोट

92] एक संवेदनशील बेंच ड्रिलिंग मशीन में विभिन्न गतियां प्राप्त की जाती हैं ----

ए] बेल्टचरखीतंत्र

बी] हाइड्रोलिक तंत्र

सी] रैक और पिनियन तंत्र

डी] कैम और अनुयायी तंत्र

Q 1. __________ का उपयोग विभिन्न प्रकार के पाइपों जैसे डक्ट वर्क के लिए अनुदैर्ध्य कोने के सीम के रूप में किया जाता है।

ए)। अंडाकार सीवन

बी)। पिट्सबर्गसीम

सी)। डोवेटेल सीम

डी)। फलक नीचे सीवन

Q 2. हैंड ग्रोवर __________ से बना होता है और इसका उपयोग __________ ग्रूव्ड जोड़ बनाने के लिए किया जाता है।

ए)। कच्चा इस्पात, आंतरिक बंद

बी)। कच्चा लोहा, बाहरी बंद

सी)। कास्टस्टील, बाहरीलॉक

डी)। कच्चा लोहा, आंतरिक बंद

Q 3. निम्नलिखित में से कौन झूठी वायरिंग का लाभ नहीं है

ए)। लेख की लागत कम हो जाती है

बी)। लेख का वजन कम हो जाता है

सी)। यह पक्षों को स्थिति में बनाए रखने में मदद करता है

डी)। लेखकावजनबढ़जाताहै

Q 4. एक गोल पाइप का खिंचाव पाइप का __________ होता है।

ए)। क्षेत्र

बी)। परिधि

सी)। व्यास

डी)। RADIUS

Q 6. हस्त लीवर पंच के घटक X की पहचान करें जैसा कि चित्र में दिखाया गया है:

ए)। मरना

बी)। पंच धारक

सी)। गला

डी)। थाह लेना

Q 7. स्नैप हेड रिवेट की लंबाई निर्धारित करने के लिए आमतौर पर शॉप फ्लोर में इस्तेमाल किया जाने वाला फॉर्मूला है - (जहां एल = शैंक की लंबाई, टी = इस्तेमाल की गई प्लेटों की कुल मोटाई और डी = रिवेट व्यास)

ए)। एल = टी + 1.5 डी

बी)। एल = टी + 0.6 डी

सी)। एल = टी + 2.5 डी

डी)। एल = टी + 2 डी

Q 8. नलिकाओं पर क्रॉस सीम को जोड़ने के लिए आमतौर पर किस क्लिप का उपयोग किया जाता है

ए)। सरकारी क्लिप

बी)। ड्राइवक्लिप

सी)। नेलिंग क्लिप

डी)। एस क्लिप एस

प्रश्न 9. आकृति में दिखाए अनुसार स्व-टैपिंग स्क्रू के प्रकार की पहचान करें:

ए)। अलिखो

बी)। टाइप-बी

सी)। टाइप-सी

डी)। प्रकार-डी

Q 10. निम्न में से कौन अर्ध-स्थायी उपचारकर्ता नहीं है

ए)। galvanizing

बी)। टिनिंग

सी)। आवरण

डी)। एनोडाइजिंग

Q 11. ________________ का उपयोग केवल एल्यूमीनियम और इसके मिश्र धातुओं पर एक सजावटी और संक्षारण प्रतिरोधी कोटिंग प्रदान करने के लिए किया जाता है।

ए)। विद्युत

बी)। एनोडाइजिंग

सी)। आवरण

डी)। galvanizing

Q 12. ____________ का उपयोग वृत्तों, चापों को लिखने और दूरियों को बदलने और दूर करने के लिए किया जाता है।

ए)। जाला

बी)। त्रिज्या गेज

सी)। विंगकंपास

डी)। पेंच पिच गेज

Q 13. _______________ का उपयोग किसी जटिल कार्य के आंतरिक भाग को काटने के लिए किया जाता है। ____

ए)। एविएशन शीयर

बी)। बेंच कतरनी

सी)। हॉकबिलशीयर

डी)। डबल कटिंग शीयर

Q 14. निम्नलिखित में से किस धातु के हथौड़े का प्रयोग राइजिंग ऑपरेशन में किया जाता है?

ए)। रिवेटिंग हैमर

बी)। स्ट्रेचिंगहैमर

सी)। क्रीजिंग हैमर

डी)। प्लैनिंग हैमर

प्रश्न 15. चित्र में दिखाए अनुसार स्पैनर के प्रकार की पहचान करें -

ए)। गोल पाना

बी)। समायोज्य औजार

सी)। सॉकेटस्पैनर

डी)। हुक स्पैनर

Q 17. __________ का उपयोग 6 मिमी तक के छोटे व्यास के छेदों की ड्रिलिंग के लिए किया जाता है।

ए)। बेवलगियरप्रकारड्रिलिंगमशीन

बी)। शाफ़्ट ड्रिलिंग मशीन

सी)। स्तन ड्रिलिंग मशीन

डी)। इनमें से कोई नहीं

प्रश्न 18. चित्र में दिखाए अनुसार ड्रिलिंग मशीन की पहचान करें:

ए)। बेवल गियर प्रकार ड्रिलिंग मशीन

बी)। शाफ़्ट ड्रिलिंग मशीन

सी)। स्तनड्रिलिंगमशीन

डी)। वायवीय हाथ ड्रिलिंग मशीन

प्रश्न 21. घटक संख्या को पहचानें। यूनिवर्सल स्विंगिंग मशीन के 6 के रूप में चित्र में दिखाया गया है

ए)। रोलर्सकेलिएलॉकिंगनट

बी)। रोलर्स का सेट

सी)। गियर के साथ ऊपरी शाफ्ट

डी)। गियर के साथ निचला शाफ्ट

Q 22. __________ का प्रयोग प्रारंभिक ड्राइंग के बाद बर्तन की गर्दन बनाने के लिए किया जाता है। _____

ए)। कोरडाई

बी)। खंडीय मरना

सी)। बाहर ड्राइंग डाई

डी)। ड्राइंग डाई . के अंदर

प्रश्न 23. चित्र में दिखाए अनुसार प्रेस की पहचान करें:

ए)। सीधे साइड प्रेस

बी)। पिलरप्रेस

सी)। एडजस्टेबल बेड प्रेस

डी)। गैप प्रेस

Q 24. __________ एक लेख के किनारे को एक रोल में बनाने की क्रिया है। ___

ए)। बनाने

बी)। कर्लिंग

सी)। जल्दी से आगे बढ़नेवाला

डी)। क्यूपिंग

Q 25. निम्नलिखित में से कौन-सी मशीन द्वारा धातु को चमकाने की विधि नहीं है?

ए)। पेडस्टलग्राइंडरसेपॉलिशकरना

बी)। यौगिकों और कपड़े के पहियों से पॉलिश करना

सी)। अपघर्षक ढके हुए पहियों से पॉलिश करना

डी)। लेपित अपघर्षक के साथ चमकाने

Q 26. निम्नलिखित में से कौन सी बफिंग सामग्री एक पाउडर लावा है, जो सफेद रंग का होता है जिसका उपयोग स्क्रबिंग, सफाई और पॉलिश करने के लिए किया जाता है।

ए)। त्रिपोली

बी)। झांवां

सी)। लाल होना

डी)। व्हाइटिंग

Q 27. चित्र में दिखाए अनुसार जिग की पहचान करें -

ए)। ठोस जिगो

बी)। पोस्ट जिगो

सी)। ड्रुनियनजिगो

डी)। बॉक्स जिगो

Q 28. पाइप बेंडिंग मशीनों में, इनर फॉर्मर्स, लीवर, लॉक नट के साथ एडजस्टिंग स्क्रू और पाइप गाइड ________ के भाग होते हैं

ए)। बेंचटाइपहैंडऑपरेटेडपाइपबेंडर

बी)। पोर्टेबल हाथ से संचालित पाइप बेंडर

सी)। हाइड्रोलिक झुकने मशीन

डी)। इनमें से कोई नहीं

Q 30. फास्टनरों को जोड़ने में किस प्रकार की वेल्डिंग का व्यापक रूप से उपयोग किया जाता है

संरचनात्मक सदस्य

ए)। स्पॉट वैल्डिंग

बी)। सीवन वेल्डिंग

सी)। प्रोजेक्शनवेल्डिंग

डी)। फ्लैश बट वेल्डिंग

Q 31. निम्नलिखित में से कौन CO_2 वेल्डिंग के लिए प्रयुक्त उपकरण और सहायक उपकरण नहीं है?

ए)। वायर रील

बी)। नाली रैखिक

सी)। बलतंत्र

डी)। वायर फीड ड्राइव मोटर

Q 32. CO_2 वेल्डिंग प्रक्रिया का उपयोग वेल्डिंग ___________ के लिए नहीं किया जा सकता है।

ए)। सिलिकॉन

बी)। अल्युमीनियम

सी)। जस्ता

डी)। ताँबा

Q 33. परिरक्षण गैस के रूप में आर्गन का निम्नलिखित में से कौन सा लाभ नहीं है

ए)। कम चाप वोल्टेज

बी)। आसान चाप शुरू

सी)। छोटागर्मीप्रभावितक्षेत्र

डी)। कम गैस की मात्रा

Q 34. वायु प्लाज्मा कटिंग में, __________ इलेक्ट्रोड का उपयोग किया जाता है जहां शुष्क, स्वच्छ संपीड़ित हवा का उपयोग कटिंग गैस के रूप में किया जाता है।

ए)। टंगस्टन

बी)। आर्गन

सी)। हीलियम

डी)। zirconium

क्यू 35. ऑटोकैड 2008 की समन्वय प्रणाली में

ए)। धनात्मक X अंकदाईंओरहैं

बी)। सकारात्मक X अंक बाईं ओर हैं

सी)। सकारात्मक आंकड़े लंबवत ऊपर की दिशा में हैं

डी)। सकारात्मक आंकड़े लंबवत नीचे की दिशा में हैं

Q 36. पानी का उपयोग __________ को बुझाने के लिए किया जाता है।

ए)। क्लास-एफायर

बी)। क्लास-बी की आग

सी)। क्लास-सी की आग

डी)। कक्षा-डी की आग

Q 39. गैल्वनाइजिंग क्या है?

ए)। गर्मसूईसेजस्ताकोटिंगकीप्रक्रिया

बी)। जिंक प्रसार प्रक्रिया

सी)। स्टील पर पतली फॉस्फेट कोटिंग बनाने के लिए इस्तेमाल की जाने वाली प्रक्रिया

डी)। ये सभी

Q 40. छत और पैनलिंग के लिए शीट मेटल जॉइंट में किस सीम का उपयोग किया जाता है?

ए)। डबलग्रोव्डसीम

बी)। गोद सीवन

सी)। डबल सीम

डी)। अंडाकार सीवन

Q 41. सामग्री का एक टुकड़ा जिसे वांछित वस्तु बनाने के लिए सटीक आकार और आकार में काटा जाता है, __________ कहलाता है

ए)। नमूना

बी)। टेम्पलेट्स

सी)। कार्यभार में वृद्धि

डी)। विकास

Q 42. शब्द का अर्थ धातु के सपाट टुकड़े के आकार में बनने से पहले के आकार से है।

ए)। कार्यभारमेंवृद्धि

बी)। फ्री हैंड स्केच

सी)। वास्तविक आकार

डी)। सतह का विकास

Q 43. समांतर रेखा विधि से निम्नलिखित में से कौन सा संभव नहीं है

ए)। पिरामिड

बी)। घनक्षेत्र

सी)। चश्मे

डी)। सिलेंडर

Q 44. निम्नलिखित में से कौन-सी सतह को विभाजित करने की एक विधि है? ट्रैंगल्स में वस्तु

ए)। त्रिभुजविधि

बी)। ज्यामितीय निर्माण के तरीके

सी)। समानांतर रेखा विधि

डी)। रेडियल लाइन विधि

Q 45. किस प्रकार के घूंसे में खोखला अनुप्रस्थ काट होता है

ए)। खोखलापंच

बी)। ठोस पंच

सी)। नंबर पंच

डी)। पत्र पंच

Q 46. भारी संरचनात्मक कार्य में किस प्रकार की कीलक का प्रयोग किया जाता है?

ए)। पैनहेडकीलक

बी)। स्नैप हेड कीलक

सी)। काउंटर डूब कीलक

डी)। शंक्वाकार सिर कीलक

Q 47. चित्र में दिखाए अनुसार कीलक की पहचान करें

ए)। सिरकेऊपर

बी)। काउंटरसंक हेड

सी)। स्नैप हेड

डी)। मशरूम सिर

Q 48. सरकारी क्लिप को कभी-कभी ____________ भी कहा जाता है

ए)। कपयापॉकेटक्लिप

बी)। नेलिंग क्लिप

सी)। ड्राइव क्लिप

डी)। एस-क्लिप

Q 49. नलिकाओं पर क्रॉस सीम को जोड़ने के लिए आमतौर पर किस क्लिप का उपयोग किया जाता है

ए)। <u>ड्राइवक्लिप</u>

बी)। एस-क्लिप

सी)। सरकारी क्लिप

डी)। नेलिंग क्लिप

Q 50. निम्न में से कौन-सा सोल्डर कॉपर, टिन, सिल्वर, जिंक, कैडमियम और फॉस्फोरस की मिश्रधातु है?

ए)। <u>हार्डसेलर्स</u>

बी)। सॉफ्ट सेलर्स

सी)। मध्यम सोल्डर

डी)। जिंक सोल्डर

95] यदि किसी दी गई लंबाई के धातु के तार का क्षेत्रफल दोगुना है, तो उसका प्रतिरोध होगा...

ए] दोगुना हो

बी] <u>आधाहो</u>

सी] वही रहें

डी] चार गुना अधिक हो

96]। निम्नलिखित में से केवल एक को प्रतिरोध तार माना जाता है

ए] सोना

बी] चांदी

सी] <u>नाइक्रोम</u>

डी] तांबा

97] आर्क हीटिंग तब होता है जब विपरीत ध्रुवता के इलेक्ट्रोड के बीच की हवा बन जाती है।

ए] सिक्त

बी] सूखा

सी] <u>आयनित</u>

डी] उपरोक्त में से कोई नहीं

98] भट्टी का तापमान मापने के लिए प्रयुक्त मीटर है...

ए] हाइड्रोमीटर

बी] <u>पाइरोमीटर</u>

सी] हाइग्रोमीटर

डी] टैकोमीटर

99] इलेक्ट्रोलाइट के मामले में तापमान में वृद्धि का कारण बनता है ...

ए] प्रतिरोधमेंकमी

बी] प्रतिरोध में वृद्धि

सी] प्रतिरोध में कोई बदलाव नहीं

डी] उपरोक्त में से कोई नहीं

100] एक चालक में विकसित ऊष्मा किसके समानुपाती होती है...

ए] शक्ति का वर्ग

बी] प्रतिरोध का वर्ग

C] धाराकावर्ग

डी] समय का वर्ग

101] नीचे दिए गए चार धातु/मिश्र धातुओं में से, तापमान परिवर्तन के प्रतिरोध में लगभग कोई बदलाव नहीं आया है...

एक निकेल

बी] नाइक्रोम

सी] प्लेटिनम

डी] मैंगनीन

102] वह पदार्थ जो चुम्बक द्वारा थोड़ा प्रतिकर्षित किया जाता है, कहलाता है...

ए] चुंबकीय

बी] पैरामैग्नेटिक

सी] प्रतिचुंबकीय

डी] लौहचुंबकीय

103] वह पदार्थ जिसे बहुत ही कम चुम्बकित किया जा सकता है, कहलाता है...

ए] चुंबकीय

बी] पैरामैग्नेटिक

सी] प्रतिचुंबकीय

डी] लौहचुंबकीय

104] वे पदार्थ जिन्हें आसानी से चुम्बकित किया जा सकता है और बहुत मजबूत चुम्बक बना सकते हैं, कहलाते हैं...

ए] लौहचुंबकीय

बी] प्रतिचुंबकीय

सी] पैरामैग्नेटिक

डी] स्थायी चुंबकीय

105] एक पदार्थ जिसमें उच्च प्रतिधारण क्षमता होती है, का उपयोग किसके निर्माण के लिए किया जा सकता है...

ए] विद्युत चुम्बक

बी] स्थायीचुंबक

सी] अस्थायी चुंबक

डी] पैरामैग्नेट

106] एक पदार्थ जिसमें कम धारण क्षमता होती है, का उपयोग किसके निर्माण के लिए किया जा सकता है...

ए] विद्युतचुम्बक

बी] स्थायी चुंबक

सी] बार चुंबक

डी] पैरामैग्नेट

107] अधिष्ठापन का प्रतीक है...

ए] हो

बी] मैं

सी] ली

डी] एक्स

108] ट्यूब लैंप चोक इसका सबसे अच्छा उदाहरण है...

ए] खुला परिचालित

बी] शॉर्टसर्किट

सी] ग्राउंडेड

डी] तटस्थ रेखा से जुड़ा

109] एक ट्यूब लाइट सर्किट में चोक का प्रारंभिक कार्य है...

ए] प्रारंभिक धारा को सीमित करें

बी] उच्चवोल्टेजप्रेरित

सी] फिलामेंट को गर्म करें

डी] चालू करने के बाद वर्तमान को सीमित करें

110] ट्यूब लाइट सर्किट में चोक का दूसरा कार्य है...

ए] प्रारंभिक धारा को सीमित करें

बी] उच्च वोल्टेज प्रेरित

सी] फिलामेंट को गर्म करें

डी] चालूकरनेकेबादवर्तमानकोसीमितकरें

111] एक तरंग का आवर्त समय 2ms है] आवृत्ति की गणना करें

ए] 50 हर्ट्ज

बी] 5 हट्‌र्ज

सी] 500HZ

डी] 5 किलोहट्‌र्ज

112] 220 वोल्ट के प्रभावी मान के साथ साइन-वेव का शिखर आयाम कितना बड़ा है?

ए] 311 वी

बी] 380 वी

सी] 400 वी

डी] 440 वी

113] पीक-टू-पीक वोल्टेज 99V है] साइन वेव का प्रभावी मान कितना बड़ा है?

ए] 70 वी

बी] 44.5 वी

सी] 49.5 वी

डी] 35 वी

114] एक मूविंग कॉइल वाल्टमीटर 10 वी एसी पढ़ता है] प्रभावी वोल्टेज कितना बड़ा है?

एक उच्च

बी] निचला

सी] वही

डी] 10% अधिक

115] एक गतिमान लोहे का एमीटर 10 ए पढ़ता है] दोलन की चरम धारा कितनी बड़ी है?

ए] 7.07 ए

बी] 1.1414ए

सी] 70.7 ए

डी] 14.1 ए

116] 10 ओम के प्रतिरोध से 2 एम्पीयर की धारा प्रवाहित होती है] प्रतिरोध में बिखरी शक्ति बराबर होती है...

ए] 20 वाट

बी] 200 वाट

सी] 40 वाट

डी] 5 वाट

117] यदि वोल्टेज स्थिर रखते हुए आवृत्ति 50 एचजेड से 100 एचजेड में बदल जाती है, तो आपूर्ति से जुड़ी कॉइल की आगमनात्मक प्रतिक्रिया...

ए] वही रहता है

बी] आधा हो जाओ

C] <u>दुगनाहोजाना</u>

D] 4 गुना हो जाता है

118] समाई इससे प्रभावित नहीं होती...

ए] प्लेट क्षेत्र

बी] प्लेटों के बीच की दूरी

सी] द्वंद्वात्मक सामग्री

डी] <u>आवृत्ति</u>

119] संधारित्र की समाई प्रतिक्रिया भिन्न होती है...

ए] सीधे आवृत्ति के साथ

बी] <u>आवृत्तिकेसाथविपरीत</u>

सी] सीधे लागू वोल्टेज के साथ

डी] लागू वोल्टेज के विपरीत

120] एक संधारित्र ने 3 कूलम्ब आवेश प्राप्त किया जब उस पर 6 वोल्ट लगाए गए] इसकी समाई...

ए <u>] 0.5 फैराड</u>

बी] 3 फराद

सी] 3 फराद

डी] 18 फैराड

121] एक संधारित्र 200 वोल्ट एसी लाइन से जुड़ा है, इसकी न्यूनतम वोल्टेज रेटिंग होनी चाहिए...

ए] 100 वोल्ट

बी] 200 वोल्ट

सी] <u>300 वोल्ट</u>

डी] 400 वोल्ट

122] एक ओममीटर के साथ संधारित्र का परीक्षण करते समय, मीटर कुछ प्रतिरोध को इंगित करता है] परीक्षण के तहत संधारित्र है...

ए <u>] टपकाहुआ</u>

बी] खुला

सी] अच्छा

डी] लघु

123] एक 80 माइक्रो फैराड संधारित्र के साथ श्रृंखला में जुड़े 40 माइक्रो फैराड संधारित्र की कुल धारिता है...

ए] <u>26.7 माइक्रोफैराड</u>

बी] 40 माइक्रो फैराड

सी] 60.6 माइक्रो फैराड

डी] 120 माइक्रो फैराड

124] 3 माइक्रो फैराड कैपेसिटर के 1 माइक्रो फैराड कैपेसिटर प्राप्त करने के लिए हमें कनेक्ट करना होगा...

ए] सभी समानांतर में

बी] सभीश्रृंखलामें

सी] 2 श्रृंखला और समानांतर में एक

डी] उपरोक्त में से कोई नहीं

125] आर और सी वाले एसी श्रृंखला सर्किट में संधारित्र के माध्यम से बहने वाली धारा होगी...

ए] वोल्टेज को कम करना

बी] वोल्टेजअग्रणी

सी] वोल्टेज के साथ चरण में

डी] उपरोक्त में से कोई नहीं

126] यदि आरसी श्रृंखला सर्किट में आपूर्ति की आवृत्ति बढ़ा दी जाती है तो कैपेसिटिव रिएक्शन होगा

ए] कम

बी] वृद्धि हुई

सी] कोई प्रभाव नहीं होना

डी] उपरोक्त में से कोई नहीं

127] बिजली कंपनियां पावर फैक्टर में सुधार करने में रुचि रखती हैं

ए] लाइनकरंटकमकरें

बी] मोटर दक्षता में वृद्धि

C] वोल्ट-एम्पीयर बढ़ाएँ

डी] शक्ति में कमी

128] एक संधारित्र कनेक्ट होने पर एसी मोटर लोड के पावर फैक्टर मान को बढ़ाता है...

ए] मोटर के साथ श्रृंखला में

बी] स्टार्टर के साथ श्रृंखला में

सी] मोटरकेसमानांतर

डी] मुख्य घुमावदार के साथ श्रृंखला में

129] आम तौर पर, एक गरमागरम प्रकाश सर्किट का शक्ति कारक है ..

ए] 0

बी] 0.5

सी] 0.707

डी] 1.0

130] जब आरएलसी श्रृंखला सर्किट में करंट को निर्धारित करने के लिए अकेले प्रतिरोध का उपयोग किया जाता है, तो सर्किट होता है...

ए] एक आगमनात्मक सर्किट

बी] एक कैपेसिटिव सर्किट

सी] एक संयोजन सर्किट

डी] एकगुंजयमानसर्किट

131] आगमनात्मक प्रतिक्रिया का सीधा संबंध है..

ए] प्रतिरोध

बी] आवृत्ति

सी] समाई

डी] शक्ति

132] सिंक्रोनस मोटर जब पावर फैक्टर में सुधार के लिए इस्तेमाल किया जाना चाहिए...

ए] उत्साहित के तहत

बी] अतिउत्साहित

सी] भरी हुई

डी] बिना किसी भार के चल रहा है

133] एक RL समानांतर परिपथ में, कुल धारा के विरोध को कहा जाता है...

ए] प्रतिक्रिया

बी] प्रतिरोध

सी] एक वेक्टर योग

डी] प्रतिबाधा

134] एसी समानांतर आरएल सर्किट में, बिजली पर समाप्त हो जाती है

ए] प्रतिबाधा

बी] प्रतिरोध

सी] अधिष्ठापन

डी] समाई

135] कार्बन जिंक सेल का नाममात्र आउटपुट वोल्टेज कितना है?

ए] 12वी

बी] 1.5V

सी] 2.0 वी

डी] 2.2 वी

136] सेल श्रृंखला में जुड़े हुए हैं ..

ए] आउटपुटवोल्टेजबढ़ाएं

बी] आउटपुट वोल्टेज घटाता है

सी] आंतरिक प्रतिरोध कम करें

डी] वर्तमान क्षमता में वृद्धि

54137 कनेक्टेड इन

एक श्रृंखला

बी] समानांतर

सी] श्रृंखला-समानांतर

डी] समानांतर-श्रृंखला

138] एक सेल की क्षमता को में मापा जाता है

ए] वाट-घंटा

बी] वाट

सी] एम्पीयर

डी] एम्पीयर-घंटा

139] सबसे कम शेल्फ लाइफ वाली प्राथमिक सेल है

ए] कार्बन - जिंक

बी] क्षारीय

सी] पारा

डी] लिथियम

140] वह सेल जिसमें दिए गए वजन या आयतन के लिए बहुत अधिक ऊर्जा घनत्व होता है

ए] कार्बन-जिंक

बी] क्षारीय

सी] पारा

डी] लिथियम

141] एक 100-आह क्षमता की बैटरी को लगभग 8 ए का करंट देना चाहिए...

ए] 12 घंटे

बी] 8 घंटे

सी] 20 घंटे

डी] 100 एच

142] जब बैटरी को लंबे समय तक निष्क्रिय रखने की आवश्यकता होती है...

ए] बैटरी को ओवरचार्ज करें

बी] इलेक्ट्रोलाइट हटा दें

ग) प्लेटों को आसुत जल से साफ करें

डी] <u>उन्हेंसुखाएंऔरबैटरीकोठंडीसूखीसाफजगहपरस्टोरकरें</u>

143] निकेल आयरन सेल के सक्रिय पदार्थ हैं...

ए] निकल हाइड्रॉक्साइड

बी] चूर्ण लोहा और उसके ऑक्साइड

C] कास्टिक पोटाश का 21% घोल

डी] <u>उपरोक्तसभीसामग्री</u>

144] सेल की क्षमता को में मापा जाता है

ए] वाट घंटा

बी] वाट

सी] एम्पीयर

डी] <u>एम्पीयर-घंटा</u>

145] सेकेंडरी सेल को चार्ज करने के लिए इस्तेमाल किया जाने वाला सिस्टम है

ए] कम वोल्टेज एसी

बी] उच्च वोल्टेज एसी

सी] एसी

डी] <u>डीसी</u>

146] एक सामान्य औद्योगिक आपूर्ति प्रणाली में चरणों की संख्या कितनी होती है?

एक

बी] <u>तीन</u>

सी] चार

डी] दो

147] एक 3 फेज स्टार कनेक्टेड अल्टरनेटर में, कॉइल्स का फेज अंतर होता है...

ए] <u>120◦</u>

बी] 240◦

सी] 60◦

डी] 360◦

148] डेल्टा कनेक्शन का उपयोग किया जाता है निम्नलिखित में से कोई नहीं

ए] ट्रांसमिशन लाइन ट्रांसफार्मर का प्राथमिक

बी] अल्टरनेटर वाइंडिंग

सी] वितरण ट्रांसफार्मर के माध्यमिक

डी] <u>वितरणट्रांसफार्मरकाप्राथमिक</u>

149] 3-फेज असंतुलित भार प्रणाली में शक्ति को मापने के लिए किस विधि का उपयोग किया जा सकता है?

ए] एक वाटमीटर विधि

बी] टोवाटमीटरविधि

सी] तीन वाटमीटर विधि

डी] तीन एमीटर विधि

150] तीन चरण, 3 तार प्रणाली में 3-हैज़ पावर को मापने के लिए दो वाटमीटर का उपयोग किया जा सकता है...

ए] संतुलित भार

बी] असंतुलित भार

सी] संतुलितऔरअसंतुलितभार

डी] संतुलित भार से बाहर

151] एक सिंगल वाटमीटर का उपयोग 3-चरण प्रणाली में शक्ति को मापने के लिए तभी किया जा सकता है जब भार हो..

ए] संतुलित

बी] असंतुलित

सी] संतुलित और असंतुलित भार

डी] निरंतर

152] एक संकेतक यंत्र में सूचक की गति उत्पन्न करने वाले बल को कहा जाता है...

ए] विक्षेपणबल

बी] नियंत्रण बल

सी] भिगोना बल

डी] विचलित करने वाला बल

153] एक स्थायी चुंबक गतिमान कुंडल यंत्र पढ़ेगा...

ए] केवल एसी मात्रा

बी] केवलडीसीमात्रा

सी] एसी और डीसी मात्रा दोनों

डी] स्पंदन मात्रा

154] गुरुत्वाकर्षण नियंत्रण का उपयोग करने वाला एक उपकरण सही ढंग से पढ़ेगा यदि इसका उपयोग किया जाता है ..

ए] केवललंबवतस्थिति

बी] केवल क्षैतिज स्थिति

सी] झुकाव स्थिति केवल

डी] कोई भी स्थिति

155] स्थायी चुंबक मूविंग कॉइल इंस्ट्रूमेंट में निम्नलिखित में से किस डंपिंग विधि का उपयोग किया जाता है?

ए] हवा भिगोना

बी] द्रव भिगोना

सी] वसंत भिगोना

डी] <u>एडीवर्तमानभिगोना</u>

156] मूविंग कॉइल इंस्ट्रूमेंट किसके प्रभाव पर काम करता है...

ए] रासायनिक प्रभाव

बी] ताप प्रभाव

सी] इलेक्ट्रोस्टैटिक प्रभाव

डी] <u>विद्युतचुम्बकीयप्रभाव</u>

157] विद्युत ऊर्जा मापने के लिए आपके घर में लगाया गया मीटर किसका उदाहरण है...

ए] संकेत प्रकार उपकरण

बी] रिकॉर्डिंग प्रकार उपकरण

सी] <u>संकेतकेसाथ-साथरिकॉर्डिंगप्रकारकेउपकरण</u>

डी] एकीकृत प्रकार के उपकरण

158]। स्थायी चुंबक के लिए निम्नलिखित में से कौन सी सामग्री पसंद की जाती है?

ए] <u>अलनिको</u>

बी] वाई-मिश्र धातु

सी] सिलिकॉन स्टील

1. एक ट्रांजिस्टर में ....

ए] एक पीएन जंक्शन

बी] <u>दोपीएनजंक्शन</u>

सी] तीन पीएन जंक्शन

डी] चार पीएन जंक्शन

2. एक ट्रांजिस्टर में रिक्तीकरण परतों की संख्या ....

ए] चार

बी] तीन

सी] एक

डी] <u>दो</u>

3. ट्रांजिस्टर का आधार .... डोपेड होता है

ए] भारी

बी] मध्यम

सी] <u>हल्केसे</u>

डी] उपरोक्त में से कोई नहीं

4. ट्रांजिस्टर में सबसे बड़ा आकार वाला तत्व ....

ए] <u>कलेक्टर</u>

बी] आधार

सी] उत्सर्जक

डी] कलेक्टर-बेस-जंक्शन

5. एक pnp ट्रांजिस्टर में, करंट कैरियर्स .... होते हैं।

ए] स्वीकर्ता आयन

बी] दाता आयन

सी] मुक्त इलेक्ट्रॉन

डी] <u>छेद</u>

6. ट्रांजिस्टर का संग्राहक .... डाल दिया गया

ए] भारी

बी] <u>मध्यम</u>

सी] हल्के से

डी] उपरोक्त में से कोई नहीं

7. ट्रांजिस्टर एक .... संचालित उपकरण है

ए] <u>वर्तमान</u>

बी] वोल्टेज

सी] वोल्टेज और करंट दोनों

डी] उपरोक्त में से कोई नहीं

8. एनपीएन ट्रांजिस्टर में .... अल्पसंख्यक वाहक हैं

ए] मुक्त इलेक्ट्रॉन

बी] <u>छेद</u>

सी] दाता आयन

डी] स्वीकर्ता आयन

9. एक ट्रांजिस्टर का उत्सर्जक .... डोपेड होता है

ए] हल्के से

बी] <u>भारी</u>

सी] मध्यम

डी] उपरोक्त में से कोई नहीं

10. एक ट्रांजिस्टर में, बेस करंट उत्सर्जक धारा का लगभग .... होता है

ए] 25%

बी] 20%

सी] 35%

डी] <u>5%</u>

11. एक ट्रांजिस्टर के बेस-एमिटर जंक्शनों पर, कोई .... पाता है

ए] एक रिवर्स पूर्वाग्रह

बी] एक विस्तृत कमी परत

सी] <u>कमप्रतिरोध</u>

डी] उपरोक्त में से कोई नहीं

12. एक ट्रांजिस्टर का इनपुट प्रतिबाधा ....

ऊंचा

बी] <u>कम</u>

सी] बहुत ऊंचा

डी] लगभग शून्य

13. अधिकांश बहुसंख्यक वाहक उत्सर्जक से ....

ए] आधार में पुनर्संयोजन

बी] उत्सर्जक में पुनर्संयोजन

सी] <u>आधारक्षेत्रसेकलेक्टरकेपासजाएं</u>

डी] उपरोक्त में से कोई नहीं

14. वर्तमान आईबी .... है

ए] <u>इलेक्ट्रॉनवर्तमान</u>

बी] होल करंट

सी] दाता आयन वर्तमान

डी] स्वीकर्ता आयन करंट

15. एक ट्रांजिस्टर में ....

ए] आईसी = आईई + आईबी

बी] आईबी = आईसी + आईई

सी] आईई = आईसी - आईबी

डी] <u>आईई = आईसी + आईबी</u>

16. एक ट्रांजिस्टर का मान .... है।

ए] 1 . से अधिक

बी] <u>1 . सेकम</u>

सी] 1

डी] उपरोक्त में से कोई नहीं

17. आईसी = एआईई + ...।

ए] आईबी

बी] आईसीईओ

सी] आईसीबीओ

डी] आईबी

18. एक ट्रांजिस्टर का आउटपुट प्रतिबाधा .... है।

ए] उच्च

बी] शून्य

सी] कम

डी] बहुत कम

19. एक टैन्सिस्टर में, IC = 100 mA और IE = 100.2 mA। का मान ....

ए] 100

बी] 50

सी] लगभग 1

डी] 200

20. एक ट्रांजिस्टर में यदि = 100 और संग्राहक धारा 10 mA है, तो IE है ....

ए] 100 एमए

बी] 100.1 एमए

सी] 110 एमए

डी] उपरोक्त में से कोई नहीं

21. और a के बीच संबंध ....

ए] = 1 / (1 - ए)

बी] = (1 - ए) / ए

सी] = ए / (1 - ए)

डी] = ए / (1 + ए)

22. एक ट्रांजिस्टर के लिए का मान सामान्यतः .... होता है।

ए] 1 से कम 1

बी] 20 और 500 . के बीच

सी] 500 . सेऊपर

23. सबसे अधिक इस्तेमाल की जाने वाली ट्रांजिस्टर व्यवस्था .... व्यवस्था है

ए] आमउत्सर्जक

बी] आम आधार

सी] आम कलेक्टर

डी] उपरोक्त में से कोई नहीं

24. .... व्यवस्था में जुड़े ट्रांजिस्टर का इनपुट प्रतिबाधा उच्चतम है

ए] आम उत्सर्जक

बी] <u>आमकलेक्टर</u>

सी] आम आधार

डी] उपरोक्त में से कोई नहीं

25. .... में जुड़े ट्रांजिस्टर का आउटपुट प्रतिबाधा।

ए] व्यवस्था उच्चतम है

बी] आम उत्सर्जक

सी] <u>आमकलेक्टर</u>

डी] आम आधार

इनमे से कोई भी नहीं

26. इनपुट और आउटपुट वोल्टेज के बीच चरण अंतर a
सामान्य आधार व्यवस्था ....

ए] 180o

बी] 90o

सी] 270o

डी] <u>0o</u>

27. .... में जुड़े ट्रांजिस्टर में शक्ति लाभ। व्यवस्था सर्वोच्च है

ए] <u>आमउत्सर्जक</u>

बी] आम आधार

सी] आम कलेक्टर

डी] उपरोक्त में से कोई नहीं

28. a . के इनपुट और आउटपुट वोल्टेज के बीच चरण अंतर
उभयनिष्ठ उत्सर्जक व्यवस्था में जुड़ा ट्रांजिस्टर ....

ए] 0o

बी] <u>180o</u>

सी] 90o

डी] 270o

29. .... में जुड़े ट्रांजिस्टर में वोल्टेज लाभ। व्यवस्था सर्वोच्च है

ए] आम आधार

बी] आम कलेक्टर

सी] <u>आमउत्सर्जक</u>

डी] उपरोक्त में से कोई नहीं

30. जैसे ही ट्रांजिस्टर का तापमान बढ़ता है, बेस-एमिटर प्रतिरोध ....

ए] <u>घटताहै</u>

बी] बढ़ता है

सी] वही रहता है

डी] उपरोक्त में से कोई नहीं

31. आम संग्राहक में जुड़े ट्रांजिस्टर का वोल्टेज लाभ

ए] व्यवस्था है ....

बी] 1 . के बराबर

सी] 10 . से अधिक

डी] 100 सेअधिक 1 सेकम

32. सामान्य संग्राहक व्यवस्था में जुड़े ट्रांजिस्टर के इनपुट और आउटपुट वोल्टेज के बीच चरण अंतर .... है

ए] 180o

बी] 0o

सी] 90o

डी] 270o

33. आईसी = आईबी + ...

ए] आईसीबीओ

बी] आईसी

सी] आईसीईओ

डी] एआईई

34. आईसी = [ए / (1 - ए)] आईबी + ...।

ए] आईसीईओ

बी] आईसीबीओ

सी] आईसी

डी] (1 - ए) आईबी

35. आईसी = [ए / (1 - ए)] आईबी + [........ / (1 - ए)]

ए] आईसीबीओ

बी] आईसीईओ

सी] आईसी

मरना

36. ईसा पूर्व 147 ट्रांजिस्टर इंगित करता है कि यह .... का बना है।

ए] जर्मेनियम

बी] सिलिकॉन

सी] कार्बन

डी] उपरोक्त में से कोई नहीं

37. ICEO = (.........) ICBO

ए] ß1

बी] + ए

सी] <u>1 +</u>

डी] उपरोक्त में से कोई नहीं

38. सीबी मोड में एक ट्रांजिस्टर जुड़ा हुआ है। यदि यह समान बायस वोल्टेज के साथ CE मोड में कनेक्ट नहीं है, तो IE, IB और IC के मान .... होंगे।

ए] <u>वहीरहें</u>

बी] वृद्धि

सी] कमी

डी] उपरोक्त में से कोई नहीं

39. यदि a का मान 0.9 है, तो का मान ....

ए] 9

बी] 0.9

सी] 900

डी] <u>90</u>

40. एक ट्रांजिस्टर में, सिग्नल को .... सर्किट से स्थानांतरित किया जाता है

ए] कम प्रतिरोध के लिए उच्च प्रतिरोध

बी] <u>उच्चप्रतिरोधकेलिएकमप्रतिरोध</u>

सी] उच्च प्रतिरोध के लिए उच्च प्रतिरोध

डी] कम प्रतिरोध के लिए कम प्रतिरोध

41. एक ट्रांजिस्टर के प्रतीक में तीर दिशा को इंगित करता है

का ....।

A] उत्सर्जक में इलेक्ट्रॉन धारा

B] संग्राहक में इलेक्ट्रॉन धारा

C] <u>एमिटरमेंहोलकरंट</u>

डी] दाता आयन वर्तमान

42. CE व्यवस्था में लीकेज करंट .... होता है। कि सीबी व्यवस्था में

ए] <u>सेअधिक</u>

बी] से कम

सी] के समान

डी] उपरोक्त में से कोई नहीं

43. एक ताप सिंक का प्रयोग आमतौर पर ट्रांजिस्टर के साथ .... के लिए किया जाता है।

ए] आगे की धारा बढ़ाएं

बी] आगे की धारा को कम करें

सी] अत्यधिक डोपिंग के लिए क्षतिपूर्ति

डी] अत्यधिकतापमानवृद्धिकोरोकें

44. a . के निर्माण में सबसे अधिक इस्तेमाल किया जाने वाला अर्धचालक ट्रांजिस्टर ....

ए] जर्मेनियम

बी] सिलिकॉन

सी] कार्बन

डी] उपरोक्त में से कोई नहीं

45. ट्रांजिस्टर में कलेक्टर-बेस जंक्शन में .... होता है।

ए] हर समय आगे का पूर्वाग्रह

बी] हरसमयरिवर्सबायस

सी] कम प्रतिरोध

डी] उपरोक्त में से कोई नहीं

40] बायीं ओर वेल्डिंग तकनीक में पाइप के नीचे से वेल्ड की रेखा तक का कोण होता है...

ए] 40 से 50◦

बी] 50 से 60◦

सी] 60 से 70◦

डी] 70 से 80◦

41] 10 मिमी एमएस प्लेट काटने वाली गैस के लिए एसिटिलीन गैस का दबाव है...

ए] 0.15 किग्रा/सेमी2

बी] 0.5 किग्रा/सेमी2

सी] 1.0 किग्रा/सेमी2

डी] 1.5 किग्रा/सेमी2

42] 10 मिमी मोटी माइल्ड स्टील काटने के लिए आप किस आकार के कटिंग नोजल का चयन करेंगे?

ए] 0.8 मिमी

बी] 1.2 मिमी

सी] 1.6 मिमी

डी] 2.0 मिमी

43] दायीं ओर वेल्डिंग तकनीक के मामले में फिलर रॉड का कोण है...

ए] 10 से 20◦

बी] 20 से 30◦

सी] <u>30 से 40◦</u>

डी] 40 से 50◦

44] गैस वेल्डिंग की उच्च दबाव प्रणाली के लाभों में से एक है...

ए] यह सस्ता है

बी] <u>यहपोर्टेबलहै</u>

सी] यह कम खतरनाक है

डी] इसके लिए एक कुशल वेल्डर की आवश्यकता नहीं है

45] एमएस शीट की सोल्डरिंग किस तापमान पर होती है...

ए] 150◦सी

बी] <u>250◦सी</u>

सी] 400◦सी

डी] 850◦सी

46] फोर्ज वेल्डिंग को वर्गीकृत किया गया है ...

ए] दबाव के बिना फ्यूजन वेल्डिंग

बी] <u>दबावकेसाथफ्यूजनवेल्डिंग</u>

सी] दबाव के बिना गैर-संलयन वेल्डिंग

डी] दबाव के साथ नो-फ्यूजन वेल्डिंग

47] गैस नियामक का कार्य है...

ए] विभिन्न प्रकार की लपटें प्राप्त करें

बी] गैसों को आवश्यक अनुपात में मिलाएं

C] ब्लो पाइप में बहने वाली गैस का आयतन बदलें

डी] <u>कामकादबावसेटकरें</u>

48] गैस द्वारा एक लैप पट्टिका जोड़ को ऊर्ध्वाधर स्थिति में वेल्ड करने के लिए वेल्ड की रेखा के नीचे पाइप का कोण क्या होना चाहिए?

ए] 30◦ से 40◦

बी] 45◦ से 50◦

सी] 60◦ से 70◦

डी] <u>75◦ से 80◦</u>

49] उस दोष का नाम बताइए, जिसमें वेल्ड धातु बिना फ्यूज किए बेस मेटल की सतह पर प्रवाहित हो रही है

ए] गड्ढा

बी] <u>ओवरलैप</u>

सी] संलयन की कमी

डी] अत्यधिक उत्तलता

50] गैस वेल्डिंग द्वारा 3.15 मिमी एमएस> शीट पर एक टी जोड़ को वेल्डिंग करते समय दो शीटों के बीच ब्लो पाइप का कोण क्या होना चाहिए?

ए] 30◦

बी] 45◦

सी] 60◦

डी] 80◦

51] विस्फोटों से बचने के लिए एसिटिलीन गैस को पारित करने के लिए किस धातु के पाइप का उपयोग नहीं किया जाना चाहिए?

ए] जस्ती लोहा

बी] स्टेनलेस स्टील

सी] हल्के स्टील

डी] सहयोग

52] एसिटिलीन गैस में कार्बन का प्रतिशत है...

ए] 99%

बी] 92.3%

सी] 89.1%

डी] 85.3%

53] एसिटिलीन गैस में होता है

ए] कैल्शियम, कार्बन और हाइड्रोजन

बी] कैल्शियम और हाइड्रोजन

सी] कैल्शियम, कार्बन, हाइड्रोजन और ऑक्सीजन

डी] कार्बनऔरहाइड्रोजन

54] एक एसिटिलीन शोधक में सल्फरेटेड और फॉस्फोरेटेड हाइड्रोजन को किसके द्वारा हटा दिया जाता है...

ए] झांवा

बी] पानी

सी] फ़िल्टर ऊन

डी] शुद्धकरनेवालेरसायन

55]। एक हाइड्रोलिक बैक प्रेशर वाल्व का उपयोग...

ए] ऑक्सीजन गैस के दबाव में वृद्धि

बी] एसिटिलीन गैस के दबाव में वृद्धि

सी] बैकफायरकेखतरेकोरोकें

डी] ऑक्सीजन का दबाव कम करें

56] पूर्ण गहराई संलयन और अच्छी पैठ प्राप्त करने के लिए 3WT के साथ एक MS पाइप कोहनी के जोड़ को वेल्ड करने के लिए आवश्यक नोजल का आकार है...

ए] 5

बी] 7

सी] 10

डी] 13

57] पाइप वेल्डिंग के लिए नोजल का चयन निर्भर करता है...

ए] नाली कोण

बी] वेल्डिंग की स्थिति

सी] पाइपदीवारमोटाई

डी] पाइप का व्यास

58] गैस वेल्डिंग में फ्लक्स का एक कार्य है...

ए] धातुआक्साइडभंग

बी] मानसिक के गलनांक को कम करें

सी] लौ का तापमान बढ़ाएं

डी] जड़ पैठ बढ़ाएँ

59] सिंगल वी के वी ग्रूव का कोण लेकिन कच्चा लोहा वेल्डिंग के लिए जोड़ है...

ए] 60◦

बी] 70◦

सी] 80◦

डी] 90◦

60] निम्नलिखित में से किस कारक पर गैस वेल्डिंग के लिए फ्लक्स का चुनाव निर्भर करता है?

ए] शामिलहोनेवालीसामग्रीकाप्रकार

बी] किनारे के प्रवेश का प्रकार

सी] ईंधन गैस का प्रकार

डी] इस्तेमाल की जाने वाली लौ का प्रकार

61]। कांस्य वेल्ड 10 मिमी मोटी कास्ट आयरन जॉब के लिए आवश्यक नोजल आकार क्या है?

ए] 5

बी] 7

सी] 10

डी] 13

62] कच्चा लोहा की कांस्य वेल्डिंग के लिए उपयुक्त भराव छड़ बताएं

ए] पीतल

बी] सिलिकॉनकांस्य

सी] मैंगनीज कांस्य

डी] सुपर सिलिकॉन कच्चा लोहा

63] कच्चा लोहा के कांस्य वेल्डिंग में, आधार धातु को एक तापमान तक गर्म किया जाता है...

ए] 300◦सी

बी] 650◦सी

सी] 1000◦सी

डी] 1300◦सी

64] तांबे की फ्यूजन वेल्डिंग के लिए प्रयुक्त फिलर रॉड का नाम बताएं

ए] मैंगनीज कांस्य रॉड

बी] तांबाचांदीमिश्रधातुकीछड़

सी] सिलिकॉन कांस्य रॉड

डी] शुद्ध तांबे की छड़

65] एक 300 मिमी लंबे तांबे के बट संयुक्त गैस वेल्डिंग के लिए आवश्यक विचलन भत्ता है...

ए] 1 से 2 मिमी

बी] 2 से 3 मिमी

सी] 3 से 4 मिमी

डी] 4 से 5 मिमी

66] 4 मिमी मोटे तांबे के बट के जोड़ को गैस वेल्डिंग के लिए की जाने वाली बढ़त का प्रकार है...

ए] सिंगल बेवेल

बी] सिंगलवी

सी] डबल वी

डी] वर्ग

67] 3.15 मिमी मोटे तांबे के बट के जोड़ की कांस्य वेल्डिंग के लिए इस्तेमाल किया जाने वाला नोजल आकार है...

ए] 5

बी]7

सी] 10

डी] 13

68] 3 मिमी मोटी पीतल की शीट पर बट जोड़ को वेल्डिंग करने के लिए आवश्यक फिलर रॉड का आकार बताएं

ए] 1.6 मिमी

बी] 2 मिमी

सी] 2.5 मिमी

डी] <u>3 मिमी</u>

69] उस वेल्ड दोष का नाम बताइए जो 3 मिमी मोटी पीतल की शीट की वेल्डिंग के लिए No] 3 नोजल का उपयोग करने पर होगा

ए] अंडरकट

बी] के माध्यम से जला

सी] सरंध्रता

डी] <u>पैठकीकमी</u>

70] गैस वेल्ड के लिए प्रयुक्त नोजल का आकार 3.15 मिमी मोटा एल्यूमीनियम बट जोड़ है...

ए] 13

बी] 10

सी] 7

डी] <u>5</u>

71] 2 मिमी मोटी स्टेनलेस स्टील शीट को बट जोड़ के रूप में वेल्डिंग के लिए इस्तेमाल किया जाने वाला नोजल आकार है...

ए] 2

बी] 3

सी] 5

डी] 7

72] एल्युमिनियम की गैस वेल्डिंग के लिए प्रीहीटिंग तापमान का मान क्या है?

ए] 100 से 120◦C

बी] <u>150 से 180◦C</u>

सी] 180 से 200◦C

डी] 210 से 250◦C

73] सोल्डरिंग ऑपरेशन में बेस मेटल है...

ए] <u>गरमनहीं</u>

बी] 200◦C . तक गरम किया गया

सी] 650◦C . तक गरम किया गया

डी] लाल गर्म स्थिति में गरम किया जाता है

74] असमान धातुओं की वेल्डिंग के लिए, दोनों धातुओं के निम्नलिखित गुणों में व्यापक भिन्नता नहीं होनी चाहिए

ए] लचीलापन

बी] तन्य शक्ति

सी] थर्मलविस्तार

डी] प्रतिरोध पहनें

75] एमएस] शीट्स के ब्रेजिंग के लिए प्रयुक्त फ्लक्स का नाम बताएं

ए] हाइड्रोक्लोरिक एसिड

बी] जिंक क्लोराइड

सी] लंबा राल

डी] बोरेक्स

76] प्रोग्रेसिव गॉगिंग में 30◦ के शुरुआती कोण से गॉगिंग टार्च कोण को किस कोण से घटाया जाता है?

ए] 20 से 25◦

बी] 15 से 20◦

सी] 10 से 15◦

डी] 5 से 10◦

77] थर्मिट वेल्डिंग में प्रयुक्त थर्मिट मिश्रण को प्रारंभिक तापमान के साथ प्रज्वलित किया जा सकता है।

ए] 1500◦सी

बी] 1200◦सी

सी] 1000◦सी

डी] 500◦सी

78] परिरक्षित धातु चाप वेल्डिंग की प्रक्रिया के तहत वर्गीकृत किया गया है...

ए] विद्‌युत प्रतिरोध वेल्डिंग

बी] विशेष वेल्डिंग

सी] इलेक्ट्रिकआर्कवेल्डिंग

डी] इलेक्ट्रो गैस वेल्डिंग

79] इलेक्ट्रोड धारक का आकार कैसे निर्दिष्ट करें?

ए] इसके वजन से

बी] इसके आकार से

सी] इसकीवर्तमानवहनक्षमताद्‌वारा

D] इसे बनाने के लिए प्रयुक्त धातु द्‌वारा

80] एक 3.15 मिमी मध्यम लेपित हल्के स्टील इलेक्ट्रोड के लिए वर्तमान सेट है...

ए] 50 से 80 एम्पीयर

बी] 90 से 120 एम्पीयर

सी] 120 से 150 amp

डी] 150 से 170 एम्पीयर

81] वेल्ड की जाने वाली धातुओं की सतह से तेल, ग्रीस और पेंट हटाने के लिए आप किस सफाई की विधि का उपयोग करेंगे?

ए] फाइलिंग

बी] वायर ब्रशिंग

सी] ठंडे पानी से धोना

डी] पतलाहाइड्रोक्लोरिकएसिडकेसॉल्वैंट्सकाउपयोगकरना

82] इलेक्ट्रोड कोडिंग ER4211 में, संख्या 4211 का तीसरा अंक इंगित करता है...।

ए] वेल्डिंग चालू और वोल्टेज की स्थिति

बी] बढ़ाव और प्रभाव गुण

सी] संयुक्त की तन्यता ताकत

डी] वेल्डिंगकीस्थिति

83] एक लंबे चाप का प्रयोग किया जाता है...

ए] कम हाइड्रोजन इलेक्ट्रोड के साथ वेल्डिंग

बी] क्षैतिज स्थिति

सी] प्लगयास्लॉटवेल्डिंग

डी] कच्चा लोहा वेल्डिंग

84] यदि इलेक्ट्रोड की यात्रा की गति अधिक है, तो टी पट्टिका जोड़ पर आपको किस प्रकार का वेल्ड दोष मिलेगा?

ए] ओवरलैप

बी] लावा शामिल करना

सी] अत्यधिक सुदृढीकरण

डी] जड़प्रवेशकीकमी

85] कवरिंग/फाइनल रन में इलेक्ट्रोड की अनुचित बुनाई के कारण लैप पट्टिका जोड़ पर कौन सा वेल्ड दोष होता है?

एक दरार

बी] अंडरकट

सी] संलयन की कमी

D] प्लेटकाकिनारापिघलगया

86] एक लैप पट्टिका वेल्ड में असमान मनका ऊंचाई है] इस दोष का कारण क्या है?

ए] उच्च धारा का उपयोग

बी] कमवेल्डिंगयात्रागति

सी] इलेक्ट्रोड बुनाई के लिए कलाई आंदोलन का उपयोग

डी] उच्च वेल्डिंग यात्रा गति

87] मध्यम लेपित इलेक्ट्रोड बनाने के लिए प्रयुक्त कोटिंग कारक है...

ए] 1.25 से 3

बी] 1.4 से 1.5

सी] 1.6 से 2.2

डी] 2.2 . से ऊपर

88] सामान्य प्रयोजन वेल्डिंग और आईटीआई में प्रशिक्षण उद्देश्यों के लिए किस प्रकार के लेपित इलेक्ट्रोड का उपयोग किया जाता है?

ए] मूल लेपित

बी] लौह चूर्ण

सी] सेल्युलोसिक

डी] रूटाइल

89] की-होल बनाए रखना और एकल वी बट जोड़ में उचित रूट गैप का उपयोग सुनिश्चित करेगा...

ए] चाप झटका प्रभाव को कम करना

बी] तेज धातु जमाव

सी] उचितजड़प्रवेश

डी] उचित सुदृढीकरण

90] इलेक्ट्रोड को जोड़ की निचली सतह के साथ क्षैतिज स्थिति में किस कोण पर रखना है?

ए] 60◦ से 70◦

बी] 70◦ से 80◦

सी] 80◦ से 90◦

डी] 90◦ से 100◦

Q 2) स्थिर दबाव पर, गैस के तापमान के अनुसार आयतन बदलता रहता है। यह बयान है......

1)बॉयल का नियम

2) चार्ल्सलॉ

3) जूल-थॉम्पसन प्रभाव

4) डाल्टन का नियम

Q 3) एक टन रेफ्रिजरेशन =...............

1) 45.5 किलो कैलोरी मिन।

2) <u>50.4 किलोकैलोरीमिन।</u>

3) 44.5 किलो कैलोरी मिन।

4) 66.5 किलो कैलोरी मिन

Q 4) किसी पदार्थ के एकांक द्रव्यमान के तापमान को 1 डिग्री C तक बढ़ाने के लिए आवश्यक ऊष्मा की मात्रा कहलाती है ....

1) <u>विशिष्टऊष्मा</u>

2) संवेदनशील गर्मी

3) गुप्त ऊष्मा

4) सुपरहीट

Q 5) यदि वायु की आपेक्षिक आर्द्रता 100% है, तो वाष्पीकरण की दर होगी .....

1) उच्च

2) मध्यम

3) कम

4) <u>शून्य</u>

Q 6) केशिका नली एक उपकरण है जो ....

1) रेफ्रिजरेंट द्वारा वहन की गई गर्मी को दूर करता है

2) <u>रेफ्रिजरेंटमीटर</u>

3) अतिरिक्त तरल रेफ्रिजरेंट के लिए एक जलाशय के रूप में कार्य करता है

4) रेफ्रिजरेंट को पंप करता है

Q 7) रेफ्रिजरेशन सिस्टम का हृदय ....

1) तरल रिसीवर

2) थर्मोस्टेट

3) <u>कंप्रेसर</u>

4) बाष्पीकरणकर्ता

Q 8) द्रव रेफ्रिजरेंट से नमी को हटाने के लिए प्रयुक्त ड्रायर को किससे चार्ज किया जाता है?

1) <u>सिलिकाजेल</u>

2) कैल्शियम कार्बाइड

3) मिट्टी अवशोषक

4) एथिलीन अवशोषक

Q 9) इनमें से कौन नमकीन नहीं है

1) सोडियम क्लोराइड

2) कैल्शियम क्लोराइड

3) एथिलीन ग्लाइकॉल

4) उपरोक्तमेंसेकोईनहीं

Q 10) एक माइक्रोमीटर में 0.02 मिमी की धनात्मक त्रुटि होती है। यदि यह 25.41 मिमी पढ़ता है, तो सही पठन है .....

1) 25.39 मिमी

2) 25.37 मिमी

3) 25.43 मिमी

4) 25.45 मिमी

Q 12) शीट मेटल की मोटाई को संख्याओं की एक श्रृंखला द्वारा दर्शाया जाता है जिसे ....

1) मानक आकार

2) संख्या का आकार

3) गेज

4) सामान्य आकार

Q 13) वेल्डिंग इलेक्ट्रोड कोटिंग के कार्यों में से एक ....

1) वेल्डिंग चालू बढ़ाएं

2) चापकोस्थिरकरें

3) जंग लगना रोकें

4) चाप तापमान को नियंत्रित करें

Q 15) घरेलू रेफ्रिजरेटर का बटर कंपार्टमेंट सामान्यतः स्थित होता है ......

1) कैबिनेट के शीर्ष पर

2) कैबिनेट के निचले भाग में

3) केंद्रीय ऊंचाई पर

4) दरवाजेमें

Q 16) बाष्पीकरणकर्ता में वाष्पीकरण की प्रक्रिया होती है, जिसके कारण .....

1)गर्मी जुड़ जाती है

2) गर्मीदूरहोतीहै

3) दबाव बढ़ता है

4) दाब घटता है

Q 17) स्निप एक ....

1) मापने का उपकरण

2) मार्किंग टूल

3) काटनेकाउपकरण

4) सहायक उपकरण

Q 18) बारंबारता की इकाई ....

1) मोहो
2) कूलम्ब
3) हट्र्ज़
4) टेस्ला

Q 19) रेफ्रिजरेटर में प्रयुक्त होने वाला कम्प्रेसर ....
1) भलीभांतिबंदकरकेसीलकिएगएपारस्परिककंप्रेसर
2) अर्ध-भली भांति बंद करके सील किए गए पारस्परिक कंप्रेसर
3) ओपन टाइप कंप्रेसर
4) केन्द्रापसारक कंप्रेसर

Q 20) घरेलू रेफ्रिजरेटर .... पर काम करता है।
1) वाष्पसंपीडनचक्र
2) वाष्प अवशोषण चक्र
3) ओटो चक्र
4) वाष्प संपीड़न या वाष्प अवशोषण चक्र

Q 21) कौन सा अधिक कुशल है - वाटर कूल्ड या एयर कूल्ड कंडेनसर
1) एयर कूल्ड
2) वाटरकूल्ड
3) दोनों समान रूप से कुशल हैं
4) कोई भी दूसरे की तुलना में अधिक कुशल हो सकता है

क्यू 22) यह इन्सुलेट सामग्री की वांछनीय संपत्ति नहीं है।
1) पानी का प्रतिरोध
2) उच्चतापीयचालकता
3) गैर ज्वलनशील
4) वजन में हल्का

क्यू 23) विंडो एयर कंडीशनर के उपयोग के खिलाफ शिकायतों में से एक यह है कि यह ....
1) महँगा
2) स्थापित करना मुश्किल
3) बनाए रखना मुश्किल
4) शोर

Q 24) इनमें से कौन स्प्लिट एयर कंडीशनर की बाहरी इकाई का हिस्सा नहीं है
1) बाष्पीकरणकातार
2) कंडेनसर कॉइल
3) कंप्रेसर

4) एक्सपेंशन कॉइल

Q 25) एक प्रशीतन चक्र में, प्रशीतक द्वारा .... पर ऊष्मा को अस्वीकार कर दिया जाता है।

1) कंडेनसर

2) बाष्पीकरण करनेवाला

3) कंप्रेसर

4) विस्तार वाल्व

Q 26) इनमें से कौन अर्धचालक है

1) सोना

2) लेड

3) सिलिकॉन

4) प्लास्टिक

Q 27) कूलिंग टॉवर में कूलिंग इफेक्ट को .... द्वारा बढ़ाया जा सकता है।

1) गीली सतह पर हवा का बढ़ता वेग

2) बैरोमीटर का दबाव कम करना

3) हवा की नमी को कम करना

4) उपरोक्तसभी

क्यू 28) सीआरओ देता है ....

1) वास्तविक प्रतिनिधित्व

2) दृश्यप्रतिनिधित्व

3) अनुमानित प्रतिनिधित्व

4) गलत प्रतिनिधित्व

Q 29) इंटीग्रेटेड सर्किट सामान्य रूप से .... के बने होते हैं।

1) सिलिकॉन

2)जर्मेनियम

3) तांबा

4) एल्युमिनियम

Q 30) एक IC में सक्रिय अवयव .... होते हैं।

1) प्रतिरोधक

2) संधारित्र

3) ट्रांजिस्टरऔरडायोड

4) उपरोक्त में से कोई नहीं

Q 31) पानी की अस्थाई कठोरता को .... द्वारा दूर किया जाता है।

1) छानना

2) <u>उबालना</u>

3) रासायनिक उपचार

4) उपरोक्त में से कोई नहीं

Q 32) प्राकृतिक ड्राफ्ट कूलिंग टावर्स मुख्य रूप से .... में उपयोग किए जाते हैं

1) इस्पात संयंत्र

2) <u>पावरस्टेशन</u>

3) उर्वरक पौधे

4) एल्युमीनियम निर्माण संयंत्र

Q 33) बड़ी वस्तुओं को हटाने के लिए पानी के पूर्व उपचार में किसका प्रयोग किया जाता है?

1) बैक्टीरिया

2) तेल और ग्रीस

3) वायु

4) <u>स्क्रीन</u>

Q 34) बाष्पीकरण में रेफ्रिजरेंट .... पर प्रवेश करता है

1) <u>बहुतकमदबाव</u>

2) कम दबाव

3) मध्यम दबाव

4) उच्च दबाव

Q 35) बड़े रेफ्रिजरेशन और सेंट्रल एयर कंडीशनिंग सिस्टम में इस्तेमाल होने वाले बाष्पीकरण का प्रकार है

1) <u>शैलऔरट्यूबबाष्पीकरणकर्ता</u>

2) फिनेड बाष्पीकरणकर्ता

3) प्लेट सतह बाष्पीकरणकर्ता

4) बेयर ट्यूब बाष्पीकरणकर्ता

Q 36) बर्फ के डिब्बे को ऊंचाई में पतला क्यों बनाया जाता है?

1)वजन कम करने के लिए

2) <u>डंपिंगकीसुविधाकेलिए</u>

3) उपस्थिति में सुधार करने के लिए

4) निर्माण को आसान बनाने के लिए

Q 37) आपेक्षिक आर्द्रता मापने के लिए प्रयोग किया जाने वाला उपकरण ....

1) बैरोमीटर

2) <u>साइक्रोमीटर</u>

3) मैनोमीटर

4) दबाव नापने का यंत्र

Q 38) यांत्रिक प्रशीतन इकाई के उच्च दाब पक्ष पर दाब कहलाता है

1) चूषण दबाव

2) निर्वहनयासिरकादबाव

3) डिफरेंशियल प्रेशर _

4) पूर्ण दाब _

Q 42) सूखे बल्ब का तापमान (DBT) .... का वास्तविक तापमान होता है।

1) नमहवा

2) शुष्क हवा

3) सूखी बर्फ

4) संतृप्त हवा

Q 43) AHU का मतलब ....

1) एयरहैंडलिंगयूनिट

2) एयर हीटिंग यूनिट

3) एयर ह्यूमिडिफाइंग यूनिट

4) इनमें से कोई नहीं

Q 44) चिकित्सा उद्योग में __________ के लिए प्रशीतन का उपयोग किया जाता है

1) रक्तसंचयकरना

2) पेट्रोलियम का शोधन

3) बर्फ का उत्पादन

4) रॉकेट ईंधन का उत्पादन

Q 46) सर्विस वॉल्व को खोलने और बंद करने के लिए निम्न में से किस टूल का उपयोग किया जाता है?

1) बेलनाकारवाल्वकुंजी

2) पिंचिंग टूल

3) पंच सेट

4) स्वैगिंग टूल

Q 47) __________ एक काटने का उपकरण है जिसका उपयोग धातु की सतह को चिकना बनाने के लिए किया जाता है।

1) फ़ाइल

2) हक्सॉ

3) स्क्राइबर

4) ट्रमेल

Q 48) इनमें से किसका उपयोग लकड़ी में गहरे छेद करने के लिए किया जाता है?

1) <u>जिमलेट</u>
2) हिस्सेदारी
3) स्नैप
4) मैलेट

Q 49) निम्नलिखित में से कौन सा उपकरण एक सर्किट में विद्युत प्रवाह को मापता है
1) <u>अमीटर</u>
2) वाटमीटर
3) वोल्टमीटर
4) वाट-घंटे मीटर

Q 50) __________ एक कुचालक नहीं है।
1) <u>यूरेका</u>
2) अभ्रक
3) एबोनाइट
4) ग्लास

Q 51) प्रतिबाधा की इकाई__________ है।
1) <u>ओह्म</u>
2) ओम-मीटर
3) हेनरी
4) फैराडी

Q 52) यूनिवर्सल एसी मोटर __________ टॉर्क प्रदान करती है और __________ गति से संचालित होती है।
1) <u>ऊँचा, ऊँचा</u>
2) उच्च, निम्न
3) कम, उच्च
4) कम, कम

Q 53) निम्नलिखित में से किस स्थान पर स्लिप रिंग मोटर का उपयोग किया जाता है 1. प्लेनर 2. क्रेन 3. खराद 4. ग्राइंडर स्लॉटर नीचे दिए गए कोड से सही उत्तर चुनें।
1) <u>1,2</u>
2) 2,3
3) 1,2,3
4) 2,4

Q 54) __________ का उपयोग मुख्य रूप से कंप्रेसर में किया जाता है।
1) <u>कैपेसिटरस्टार्टकैपेसिटररनमोटर</u>
2) हिस्टैरिसीस मोटर
3) छायांकित पोल प्रेरण मोटर

4) प्रतिकर्षण मोटर _

Q 55) जर्मेनियम के साथ ____________ जोड़कर पी-टाइप सेमीकंडक्टर नहीं बनाया जा सकता है।

1) आर्सेनिक

2) ईण्डीयुम

3) गैलियम

4) बोरोन

Q 56) लेजर डायोड __________ में अपना अनुप्रयोग पाता है

1) फाइबरएम्पलीफायर

2) टेलीविजन रिसीवर

3) रिमोट कंट्रोल

4) फोटो कंडक्टर

Q 58) इनमें से किसका उपयोग प्रशीतन के लिए प्रयुक्त मशीन में चार्जर के रूप में किया जाता है?

1) रेफ्रिजरेंटएडेप्टर

2) चार्जिंग मीटर

3) वैक्यूम पंप

4) कंप्रेसर तेल चार्जिंग पंप

Q 59) वाष्प अवशोषण प्रशीतन में, ___________ का उपयोग प्रशीतन के लिए किया जाता है।

1) ऊष्माऊर्जा

2) यांत्रिक ऊर्जा

3) स्थितिज ऊर्जा

4) रासायनिक ऊर्जा

Q 61) कम्प्रेसर को कंप्रेशन की विधि के अनुसार _________ में वर्गीकृत नहीं किया जा सकता है।

1) मल्टीस्टेजकंप्रेसर

2) पारस्परिक कंप्रेसर

3) घूर्णन कंप्रेसर

4) केन्द्रापसारक कंप्रेसर

Q 62) पारस्परिक कम्प्रेसर की तुलना में केन्द्रापसारक कम्प्रेसर की दक्षता है

1) उच्च

2) कम

3) बराबर

4) कम या बराबर

Q 63) निम्नलिखित में से कौन सा कम्प्रेसर मुख्य रूप से रेफ्रिजरेंट द्रव के लिए सबसे उपयुक्त माना जाता है

1) स्क्रॉलकंप्रेसर

2) भली भांति बंद करके सील कंप्रेसर

3) स्वाश प्लेट कंप्रेसर

4) वोबल प्लेट कंप्रेसर

Q 64) वेट कम्प्रेशन ____________ कंप्रेसर दक्षता।

1) बढ़ता है

2) घटताहै

3) आधा

4) पर कोई प्रभाव नहीं पड़ता

Q 65) एयर कूल्ड कंडेनसर की तुलना में वाटर कूल्ड कंडेनसर में ____________ हीट ट्रांसफर रेट होता है।

1) उच्च

2) कम

3) बराबर

4) कम या बराबर

Q 66) इनमें से कौन एक टैंक के आकार का उपकरण है जिसका उपयोग रेफ्रिजरेशन में लिक्विड रेफ्रिजरेंट को स्टोर करने के लिए किया जाता है

1) तरलरिसीवर

2) कंडेनसर

3) कंप्रेसर तेल चार्जिंग पंप

4) बाष्पीकरणकर्ता

Q 67) कंप्रेसर रेफ्रिजरेंट को उच्च दबाव में __________ तक संपीड़ित करता है

1) तापमानमेंवृद्धि

2) रेफ्रिजरेंट को गर्म करें

3) तापमान कम करें

4) रेफ्रिजरेंट को संघनित करें

Q 68) कंडेनसर में हवा और पानी दोनों का उपयोग शीतलन माध्यम के रूप में किया जाता है।

1) बाष्पीकरणीय

2) खोल और ट्यूब

3) खोल और कुंडल

4) एयर कूल्ड

Q 69) प्लेट सतह बाष्पीकरण का उपयोग ____________ में नहीं किया जाता है

1) खाद्यप्रसंस्करणउद्योग

2)आइसक्रीम कैबिनेट -

3) घरेलू रेफ्रिजरेटर

4) फ्रीजर

Q 70) बाष्पीकरणकर्ता से प्राप्त रेफ्रिजरेंट में मौजूद तरल रेफ्रिजरेंट की मात्रा को कंडेनसर में प्रवेश करने से रोकने के लिए, ____________ को बाष्पीकरणकर्ता और कंप्रेसर के बीच जोड़ा जाता है।

1) संचायक

2) सुपरहीटर

3) बोतल कूलर

4) वाटर कूलर

Q 71) रिवर्स साइकिल डीफ्रॉस्टिंग में, बाष्पीकरणकर्ता _________ की तरह काम करता है।

1) कंडेनसर

2) बाष्पीकरणकर्ता ही

3) विस्तार वाल्व

4) संचयक

Q 72) स्वचालित विस्तार वाल्व अपना आवेदन कहाँ पाते हैं?

1) घरेलूरेफ्रिजरेटरमें

2) खाद्य प्रसंस्करण इकाइयों में

3) एयर कंडीशनर में

4) आइसक्रीम के पौधों में

Q 73) केशिका ट्यूब के दबाव का परिवर्तन ___________ केशिका ट्यूब का व्यास है।

1) सीधे आनुपातिक

2) . केव्युत्क्रमानुपाती

3) . के वर्ग के सीधे आनुपातिक

4) . के वर्ग के व्युत्क्रमानुपाती

Q 74) निम्नलिखित में से कौन एयर कंडीशनिंग सिस्टम में रेफ्रिजरेंट से नमी को हटाता है

1) सुखानेकीमशीन

2) विस्तार वाल्व

3) कंडेनसर

4) केशिका नली

Q 75) इनमें से कौन द्वितीयक रेफ्रिजरेंट है

1) <u>नमकीन</u>

2) अमोनिया

3) फ्रीऑन

4) मिथाइल क्लोराइड

Q 76) Freon-12 का रासायनिक सूत्र__________ है।

1) <u>CCl2F2</u>

2) CF2

3) CCl2

4) सीसीएल4

Q 77) मीथेन (CH4) के लिए रेफ्रिजरेंट प्रतीक ______________ है

1) <u>आर-50</u>

2) आर-14

3) आर-11

4) आर-240

Q 78) ____________ एक एंटी-फ्रीज पदार्थ नहीं है। ______________

1) <u>मेथिलीनक्लोराइड</u>

2) मिथाइल अल्कोहल

3)एथिलीन ग्लाइकोल

4) ग्लिसरीन

Q 79) रेफ्रिजरेशन में उपयोग किए जाने वाले इनमें से किस थर्मल इंसुलेशन का घनत्व सबसे अधिक होता है

1) <u>कैल्शियमसिलिकेट</u>

2) कपास

3) दानेदार बनाना

4) ऊनी

Q 80) ______________ एक आउटलेट ग्रिल है जिसे डक्ट सिस्टम में हवा की दिशा को निर्देशित करने के लिए डिज़ाइन किया गया है।

1) <u>डिफ्यूज़र</u>

2) बेदखलदार

3) रजिस्टर

4) कन्वर्टर

Q 81) ऑटोमोटिव वाहनों में इस्तेमाल होने वाले फ्री व्हील को __________ के रूप में भी जाना जाता है

1) <u>ओवररनिंगक्लच</u>

2) रनिंग क्लूथ के तहत

3) चुंबकीय क्लच

4) स्वचालित क्लच

Q 82) एक कार एसी में, कंप्रेसर __________ से जुड़ा होता है।

1) <u>इंजन</u>

2) क्लच

3) चेसिस

4) पहिए

क्यू 83) यदि स्प्लिट एसी अपर्याप्त एयर कूलिंग दे रहा है, तो दिए गए में से कौन सा संभावित कारण है

1) <u>एयरफिल्टरगंदाहै</u>

2) टाइमर सेटिंग बदली जाती है

3) मुख्य आपूर्ति दोषपूर्ण है

4) बाहरी तापमान कम होता है

Q 84) __________ एक एयर कंडीशनिंग सिस्टम में दबाव और वैक्यूम को मापता है।

1) <u>कंपाउंडगेज</u>

2) वैक्यूम गेज

3) टैकोमीटर

4) दबाव नापने का यंत्र

Q 85) विंडो एयर कंडीशनर में, __________ बाष्पीकरणकर्ता का उपयोग किया जाता है।

1) <u>फिनप्रकार</u>

2) कुंडल प्रकार

3) सर्पिल

4) डक्ट-टाइप

Q 86) रेफ्रिजरेशन सिस्टम के कंप्रेसर में खराबी और ड्रायर आदि के ब्लॉक होने की स्थिति में, __________ किया जाता है।

1) <u>रेट्रोफिटिंग</u>

2) सक्शन

3) इन्सुलेशन

4) विस्तार

Q 87) इनमें से कौन सा नम तापमान और वास्तविक तरल रेफ्रिजरेंट तापमान के बीच का अंतर है

1) सब-कूलिंग

2) सुपरहीटिंग

3) वाष्पीकरण

4) संघनन

Q 88) एक्सपेंशन वाल्व बाष्पीकरणकर्ता में ______________ को नियंत्रित करता है।

1) रेफ्रिजरेंटकीमात्रा

2) प्रणाली का तापमान

3) रेफ्रिजरेंट का तापमान

4) प्रणाली का दबाव

Q 89) स्क्रू कंप्रेसर का वह भाग जिससे रोटर जुड़ा होता है, ____________ कहलाता है।

1) आवास

2) चालक

3) डिस्चार्ज पोर्ट

4) आवरण

क्यू 90) कंप्रेसर में दबाव ड्रॉप के दौरान वॉल्यूमेट्रिक दक्षता का क्या होता है

1) यहबढ़ताहै

2) यह घटता है

3) यह अपरिवर्तित रहता है

4) यह बढ़ या घट सकता है

Q 91) वाणिज्यिक कंप्रेसर के अनुप्रयोग क्या हैं 1. वाटर कूलर 2. कोल्ड स्टोरेज 3. आइस क्यूब मशीन उपरोक्त विकल्पों में से, इनमें से कौन सा सही है

1) 1,2,3

2) 2,3

3) 1,3

4) 1,2

क्यू 92) एक कंप्रेसर में अटका हुआ दोष का अर्थ है______।

1) कंप्रेसरकसकरकामकररहाहै

2) कंप्रेसर शोर कर रहा है

3) कंप्रेसर में घर्षण होता है

4) कंप्रेसर शुरू नहीं हो रहा है

Q 93) प्राकृतिक हवा को बंद कूलिंग टॉवर में प्रवेश करने के लिए निम्न में से किसका उपयोग किया जाता है?

1) फैन
2) ब्लोअर _
3) कूलर
4) एयर कंडीशनर

Q 94) _________ हवा के प्रवाह को नियंत्रित करने के लिए एक प्राकृतिक ड्राफ्ट कूलिंग टॉवर में संलग्न हैं।

1) लौवरस
2) स्प्रे नोजल
3) हैडर
4) वाल्व

Q 95) मैकेनिकल ड्राफ्ट कूलिंग टावर्स की परिचालन लागत की तुलना प्राकृतिक ड्राफ्ट से की जाती है____

1) उच्च
2) कम
3) बराबर
4) अतुलनीय

Q 96) गीले बल्ब का तापमान कूलिंग टॉवर की क्षमता ________ है।

1) व्युत्क्रमानुपाती
2) सीधे आनुपातिक
3) . के वर्ग के व्युत्क्रमानुपाती
4) . के वर्ग के सीधे आनुपातिक

Q 97) स्लज आमतौर पर __________ के कारण बनता है।

1) कैल्शियमक्लोराइड
2)जिंक क्लोराइड
3) हाइड्रोक्लोरिक एसिड
4) सल्फ्यूरिक अम्ल

Q 98) इनमें से कौन सा स्केल फॉर्मेशन के लिए दिया गया बाहरी उपचार नहीं है

1) कोलाइडलउपचार
2) आयन एक्सचेंज प्रक्रिया
3) जिओलाइट प्रक्रिया
4) सोडा लाइम प्रोसेस

Q 99) पानी के विद्युत उपचार में, __________ वाष्प से भरे सीलबंद कांच के बल्बों को स्केल बनाने की प्रक्रिया को अवरुद्ध करने के लिए सिस्टम में रखा जाता है।

2) सोडियम

3) हीलियम

4) आर्गन

Q 101) वाल्व द्वारा पारित रेफ्रिजरेंट की मात्रा ____________ बाष्पीकरणकर्ता द्वारा वाष्पीकृत किए गए रेफ्रिजरेंट की मात्रा है।

1) बराबर

2) आधा

3) एक चौथाई

4) डबल

Q 102) _____________ का उपयोग बाढ़ वाले बाष्पीकरण में एक विस्तार वाल्व के रूप में किया जाता है।

1) फ्लोटवाल्व

2) थर्मोस्टेटिक वाल्व

3) केशिका ट्यूब

4) छिद्र नियंत्रण वाल्व

क्यू 103) ब्राइन चिलर वाष्प संपीड़न प्रशीतन प्रणाली के ___________ के समान है।

1) बाष्पीकरणकर्ता

2) कंडेनसर

3) कंप्रेसर

4)केशिका नली

Q 104) कंडेनसर क्षमता _________ में मापी जाती है

1) किलोवाट

2) केवी

3) केवीए

4) केए

Q 105) कंडेनसर की क्षमता ____________ का कार्य नहीं है

1) रेफ्रिजरेंटकाआयतन

2) संघनित्र का पृष्ठीय क्षेत्रफल

3) समग्र गर्मी हस्तांतरण गुणांक

4) रेफ्रिजरेंट और कंडेनसर माध्यम के बीच तापमान का अंतर

Q 106) बाष्पीकरणीय संघनित्र में शीतलक माध्यम ____________ है

1) हवाऔरपानीदोनों

2) नमकीन

3) केवल हवा

4) केवल पानी

Q 107) गीले बल्ब का तापमान __________ का माप है।

1) पूर्णआर्द्रता

2) पूर्ण दबाव

3) सापेक्षिक आर्द्रता

4) विशिष्ट ऊष्मा

Q 108) जिस तापमान पर हवा में नमी संघनित होने लगती है उसे ____________ कहा जाता है।

1) ओसबिंदुतापमान

2) गीले बल्ब का तापमान

3) शुष्क बल्ब तापमान

4) ओस बिंदु अवसाद

Q 109) घर्षण विधि का उपयोग करके एक कुशल डक्ट प्राप्त करने के लिए आमतौर पर __________ डक्ट सिस्टम का उपयोग किया जाता है।

1) आयताकार

2) स्क्वायर

3) परिपत्र

4) त्रिकोणीय

Q 110) ____________ प्रकार के वितरण का उपयोग करके बड़े कार्यालयों में डक्टिंग की जाती है।

1) छतपैनल

2) ऊपर की ओर

3) पान

4) दीवार

Q 111) इनमें से कौन सा कंडेनसर यूनिट के अनुचित कार्य करने का संभावित कारण नहीं है?

1) तापमानसेटनहींहै

2) कंडेनसर गंदा हो गया है

3) हवा नहीं बहती

4) स्प्रे नोजल बंद है

Q 112) दो वाहिनी रेखाओं को समकोण पर जोड़ने के लिए उपयोग किए जाने वाले डक्ट के हिस्से को __________ कहा जाता है

1) स्टैकएल्बो

2) आउटलेट पोर्ट

3) डक्ट जॉइंट

4) टी जॉइंट

Q 113) डायरेक्ट एक्सपेंशन सिस्टम में इनमें से कौन प्लांट रूम में पाया जाता है?

2) <u>एयरफिल्टर</u>

3) बाष्पीकरणकर्ता

4) रिटर्न एयर डक्ट

Q 114) __________ एक उपकरण है जिसके द्वारा ठंडी, स्वच्छ और आर्द्र हवा प्राप्त की जा सकती है।

1) <u>एयरवॉशर</u>

2) पंखे का तार

3) राहत वाल्व

4) स्प्रे नोजल

Q 115) विद्युत यांत्रिक नियंत्रणों के उपयोग के लिए सर्किट में ____________ स्थापित किया जाता है।

1) <u>रिले</u>

2) मेगगार

3) सर्किट ब्रेकर

4) फ्यूज

Q 116) H, HVAC सिस्टम में __________ के लिए खड़ा है।

1) <u>हीटिंग</u>

2) हीलिंग

3) होनिंग

4) भारी

क्यू 117) ___________कुंडली एचवीएसी प्रणाली में फिट की जाती है।

1) <u>हीटिंगऔरकूलिंगदोनों</u>

2) केवल हीटिंग

3) केवल कूलिंग

4) संघनन

Q 118) एक कार एसी में, कंडेनसर _____________ के पास लगाया जाता है

1) <u>रेडिएटर</u>

2) रियर व्हील

3) क्रैंककेस

4) चुंबकीय क्लच

Q 119) कार एसी ___________ पर चलने पर अधिकतम दक्षता से संचालित होती है

1) <u>उच्चगति</u>

2) शून्य गति

3) कम गति

4) शून्य भार

Q 120) कार एसी सिस्टम में __________ के क्रम में डाई डाली जाती है। ____________

1) गैसरिसावकीपहचानकरें

2) इंजन को लुब्रिकेट करें

3) दक्षता में वृद्धि

4) गति बढ़ाएं

Q 121) निम्नलिखित में से कौन एक एसी संयंत्र में गर्मी भार गणना को प्रभावित नहीं करता है

1) बाहरीतापमान

2) आपेक्षिक आर्द्रता

3) ओस बिंदु _

4) नमी

क्यू 122) कंडेनसर में __________ पानी के आवश्यक स्तर को बनाए रखता है।

1) फ्लोस्विच

2) अधिभार सर्किट

3) कट-आउट स्विच -

4) छलनी

Q 123) सेंट्रल एसी प्लांट में पंखे और ब्लोअर का प्रयोग __________ है

1) वायुकासंचार

2) हीटिंग

3) ठंडा करना

4) द्रुतशीतन

Q 124) ग्रीष्मकालीन एयर कंडीशनिंग में हवा की प्रकृति __________ है

1) गर्म और आर्द्रीकृत

2) गरम और निरार्द्रीकरण

3) ठंडा और आर्द्रीकरण

4) ठंडाऔरनिरार्द्रीकरण

Q 125) यदि एक डीप फ्रीजर पर्याप्त शीतलन नहीं देता है, तो यह __________ के कारण होना चाहिए

1) दरवाजेकालगातारखुलना

2) बिजली की आपूर्ति नहीं

3) उच्च बाहरी दबाव

4) उच्च बाहरी तापमान

Q 126) इनमें से कौन आइसक्रीम के पौधे का हिस्सा नहीं है?

1) आइसबिन

2) हीट एक्सचेंजर

3) पाश्चराइज़र

4) होमोजेनाइज़र

Q 127) __________ को चालू करने पर, अधिक शीतलन के कारण उत्पन्न बर्फ पिघलने लगती है

1) डीफ्रॉस्टस्विच

2) अधिभार रिले

3) फ्लो स्विच

4) थर्मोस्टेट

Q 128) गाजर को ____________ के तापमान पर 3 महीने तक स्टोर किया जा सकता है

1) 2 डिग्रीसेल्सियस

2) 8 डिग्री सेल्सियस

3) 5 डिग्री सेल्सियस

4) 10 डिग्री सेल्सियस

Q 129) कोल्ड स्टोरेज क्षमता की इकाई __________ है।

1) टन

2) किलोग्राम

3) घन मीटर

4) डिग्री केल्विन

.

औद्योगिक प्रशिक्षण संस्थान

मासिक टेस्ट-1, अंक- 20, दिनांक:- __________________

(प्रत्येक प्रश्न दो अंक का होता है)

1] कौन सी वर्कशॉप सेफ्टी है?

ए] दुकान के फर्श को साफ और ग्रीस, तेल या अन्य फिसलन सामग्री से मुक्त रखें

बी] गति बदलने से पहले मशीन बंद करो

सी] फटे या चिपके हुए औजारों का प्रयोग न करें

D] चल रही मशीन को हाथ से रोकने की कोशिश न करें

2] पर्सनल प्रोटेक्ट इक्विपमेंट (पीपीई) में हेल्मेट का उपयोग किया जाता है

ए] सिर की रक्षा करें

बी] आंखों की रक्षा करें

सी] हाथों की रक्षा करें

डी] कानों की रक्षा करें

3] निम्नलिखित में से कौन सामान्य सुरक्षा से संबंधित है?

A एक कार्यकर्ता को अच्छे व्यवहार में रखें

बी] काम साफ और स्पष्ट

सी] अपने काम पर ध्यान लगाओ

डी] फर्श और गैंगवे को साफ और साफ रखें

4] पीसते समय आंखों की सुरक्षा के लिए किसका प्रयोग किया जाता है?

ए] गहरा हरा कांच

बी] मुखौटा

सी] धूप का चश्मा

डी] सुरक्षा चश्मा

5] मशीन सुरक्षा के लिए निम्नलिखित में से क्या किया जाता है?

ए] मशीन शुरू करने से पहले तेल के स्तर की जांच करें

बी] चीजों को व्यवस्थित तरीके से करें

सी] फर्श और गैंगवे को साफ और साफ रखें

डी] डाई और स्कार्फ का प्रयोग न करें

6] पर्सनल प्रोटेक्ट इक्विपमेंट (पीपीई), 'स्लीव्स' का इस्तेमाल ---------- की सुरक्षा के लिए किया जाता है

एक चेहरा

बी] आंखें

सी] कान

डी] हाथ

7] एबीसी का मतलब --------------

ए] स्वचालित श्वास नियंत्रण

बी] स्वचालित रक्त नियंत्रण

सी] वायुमार्ग श्वास परिसंचरण

डी] स्वचालित रक्त परिसंचरण

9] "क्लास बी" की आग को बुझाने के लिए किस प्रकार के अग्निशामक यंत्र का उपयोग किया जाता है ....

ए] शुष्क शक्ति

बी] कार्बन डाइऑक्साइड

सी] पानी की जेट

डी] फोम प्रकार

10] सामान्य आग को बुझाने के लिए किस प्रकार के अग्निशामक यंत्र का उपयोग किया जाता है?

ए] जल प्रकार बुझाने वाला

बी] फोम प्रकार बुझाने वाला

सी] शुष्क रासायनिक पाउडर एक्सटिंगुइशर

डी] कार्बन डाइऑक्साइड (C02] बुझाने वाला)

11] खून बहने की स्थिति में उपचार करें

डी] ठंडा 3" और आराम

ए] ठंडे पानी का छिड़काव करें

बी] तुरंत पट्टी -----।

बी] दुर्घटना विचार उपचार के बारे में पूछताछ

औद्योगिक प्रशिक्षण संस्थान

मासिक टेस्ट -2, अंक- 20, तिथि:- ______________

(प्रत्येक प्रश्न दो अंक का होता है)

20] डिवाइडर का आकार ----------- द्वारा निर्दिष्ट किया जाता है

ए] पैरों की कुल लंबाई

बी] पूरी तरह से खुलने पर बिंदुओं के बीच की दूरी

सी] बिना बिंदुओं के पैरों की लंबाई

डी] धुरी और बिंदु के बीच की दूरी

21] डेटम किनारे के समानांतर समानांतर रेखाओं को चिह्नित करने के लिए इस्तेमाल किया जाने वाला उपकरण है -

ए] जेनी कैलिपर

बी] डिवाइडर

सी] बाहरी कैलिपर

डी] कैलिपर के अंदर

22] निम्नलिखित में से कौन सा एक अप्रत्यक्ष माप उपकरण है?

ए] बाहरी कैलिपर

बी] वर्नियर कैलिपर

सी] स्टील नियम

डी] बाहरी माइक्रोमीटर

23] पतली टयूबिंग काटने के लिए, हैक्सॉ ब्लेड की सबसे उपयुक्त पिच है...

ए] 1.8 मिमी

बी] 1.4 मिमी

सी] 1 मिमी

डी] 0.8 मिमी

24] ठोस पीतल काटने के लिए, हैक्सॉ ब्लेड की सबसे उपयुक्त पिच है...

ए] 1.8 मिमी

बी] 1.4 मिमी

सी] 1 मिमी

डी] 0.8 मिमी

25] एक नया हैक्सॉ ब्लेड कुछ स्ट्रोक के बाद ढीला हो जाता है क्योंकि...

ए] ब्लेड का खिंचाव

बी] विंग-अखरोट के धागे खराब हो रहे हैं

सी] ब्लेड की गलत पिच

डी] आरी के सेट का अनुचित चयन।

26] छोटे व्यास के पाइपों को काटते समय नियमित रूप से देखने और यह सुनिश्चित करने की सलाह दी जाती है कि...

ए] कट घुमावदार रेखा के साथ है

बी] अधिक देखा दांत अनुबंध में हैं

सी] काम ज़्यादा गरम नहीं है

डी] हैकसॉ का उचित संतुलन बनाए रखा जाता है

27] वाइस क्लैम्प का उपयोग किया जाता है ...

ए] कठोर जबड़े की रक्षा करें

बी] काम के टुकड़ों को सख्ती से जकड़ें

सी] तैयार सतहों की रक्षा करें

डी] जंगम जबड़े को दाखिल होने से रोकें

28] अंकन के दौरान संदर्भ सतह द्वारा प्रदान की जाती है ...

ए] भूतल गेज

बी] वर्कपीस

सी] काम का चित्रण

डी] तालिका की सतह को चिह्नित करना

29] एक इंजीनियर के वाइस का आकार किसके द्वारा निर्दिष्ट किया जाता है...

ए] जंगम जबड़े की लंबाई

बी] जबड़े की चौड़ाई

सी] वाइस की ऊंचाई

D] जबड़ों का अधिकतम खुलना

औद्योगिक प्रशिक्षण संस्थान

मासिक टेस्ट-3, अंक- 20, दिनांक:- ____________________

(प्रत्येक प्रश्न दो अंक का होता है)

61] एक मीट्रिक माइक्रोमीटर में, थिम्बल अग्रिमों की एक पूर्ण क्रांति ------------

ए] 0.01 मिमी

बी] 0.25 मिमी

सी] 0.50 मिमी

डी] 1.00 मिमी

62] माइक्रोमीटर में शाफ़्ट स्टॉप ------------ में मदद करता है

ए] दबाव को नियंत्रित करें

बी] स्पिंडल को लॉक करें

सी] शून्य त्रुटि समायोजित करें

डी] काम के टुकड़े को पकड़ो

63] 1000 माइक्रोन का मतलब -------------

ए] 1 मिमी

बी] 1 एम

सी] 1000 मिमी

डी] 10 सेमी

64] माइक्रोमीटर के बाहर 50-75 मिमी की शून्य रीडिंग क्या है?

ए] 0.000 मिमी

बी] 0.01 मिमी

सी] 25.00 मिमी

डी] 50.00 मिमी

65] माइक्रोमीटर के बाहर एक मीट्रिक की आस्तीन पर सबसे छोटे विभाजन का मान है -----

ए] 0.50 मिमी

बी] 1.00 मिमी

सी] 1.50 मिमी

डी] 2.00 मिमी

66] माइक्रोमीटर में शाफ़्ट स्टॉप --------- में मदद करता है

ए] दबाव को नियंत्रित करें

बी] स्पिंडल को लॉक करें

सी] शून्य त्रुटि समायोजित करें

डी] काम के टुकड़े को पकड़ो

67] गहराई माइक्रोमीटर की न्यूनतम संख्या है

ए] 0.5 मिमी

बी] 0.2 मिमी

सी] 0.001 मिमी

डी] 0.01 मिमी

68] वर्नियर कैलिपर की अल्पतम संख्या है (मुख्य पैमाना = 49 डिवीजन, वर्नियर स्केल = 50 डिवीजन]

ए] 0.1 मिमी

बी] 0.01 मिमी

सी] 0.001 मिमी

डी] 0.02 मिमी

69] वर्नियर कैलिपर का उपयोग करके किए गए माप का प्रकार है------

ए] प्रत्यक्ष माप

बी] अप्रत्यक्ष माप

सी] 90"] (ए) 81 (बी]

डी] इनमें से कोई नहीं

76] टेंपर शैंक ड्रिल मशीन पर किसके माध्यम से आयोजित की जाती है...

ए] चक्स

बी] आस्तीन

सी] बहाव

डी] वाइस

औद्योगिक प्रशिक्षण संस्थान

मासिक टेस्ट -4, अंक- 20, दिनांक:- ______________

(प्रत्येक प्रश्न दो अंक का होता है)

Q 41. सामग्री का एक टुकड़ा जिसे वांछित वस्तु बनाने के लिए सटीक आकार और आकार में काटा जाता है, __________ कहलाता है

ए)। नमूना

बी)। टेम्पलेट्स

सी)। कार्यभार में वृद्धि

डी)। विकास

Q 42. शब्द का अर्थ धातु के सपाट टुकड़े के आकार में बनने से पहले के आकार से है।

ए)। कार्यभार में वृद्धि

बी)। फ्री हैंड स्केच

सी)। वास्तविक आकार

डी)। सतह का विकास

Q 43. समांतर रेखा विधि से निम्नलिखित में से कौन सा संभव नहीं है

ए)। पिरामिड

बी)। घनक्षेत्र

सी)। चश्मे

डी)। सिलेंडर

Q 44. निम्नलिखित में से कौन सी वस्तु की सतह को त्रिभुजों में विभाजित करने की एक विधि है

ए)। त्रिभुज विधि

बी)। ज्यामितीय निर्माण के तरीके

सी)। समानांतर रेखा विधि

डी)। रेडियल लाइन विधि

Q 45. किस प्रकार के घूंसे में खोखला अनुप्रस्थ काट होता है

ए)। खोखला पंच

बी)। ठोस पंच

सी)। नंबर पंच

डी)। पत्र पंच

Q 46. भारी संरचनात्मक कार्य में किस प्रकार की कीलक का प्रयोग किया जाता है?

ए)। पैन हेड कीलक

बी)। स्नैप हेड कीलक

सी)। काउंटर डूब कीलक

डी)। शंक्वाकार सिर कीलक

Q 47. चित्र में दिखाए अनुसार कीलक की पहचान करें

ए)। सिर के ऊपर

बी)। काउंटरसंक हेड

सी)। स्नैप हेड

डी)। मशरूम सिर

Q 48. सरकारी क्लिप को कभी-कभी ____________ भी कहा जाता है

ए)। कप या पॉकेट क्लिप

बी)। नेलिंग क्लिप

सी)। ड्राइव क्लिप

डी)। एस-क्लिप

Q 49. नलिकाओं पर क्रॉस सीम को जोड़ने के लिए आमतौर पर किस क्लिप का उपयोग किया जाता है

ए)। ड्राइव क्लिप

बी)। एस-क्लिप

सी)। सरकारी क्लिप

डी)। नेलिंग क्लिप

Q 50. निम्न में से कौन-सा सोल्डर कॉपर, टिन, सिल्वर, जिंक, कैडमियम और फॉस्फोरस की मिश्रधातु है?

ए)। हार्ड सेलर्स

बी)। सॉफ्ट सेलर्स

सी)। मध्यम सोल्डर

डी)। जिंक सोल्डर

औद्योगिक प्रशिक्षण संस्थान

मासिक टेस्ट -5, अंक- 20, तिथि:- _______________

(प्रत्येक प्रश्न दो अंक का होता है)

100] एक चालक में विकसित ऊष्मा किसके समानुपाती होती है...

ए] शक्ति का वर्ग

बी] प्रतिरोध का वर्ग

C] धारा का वर्ग

डी] समय का वर्ग

101] नीचे दिए गए चार धातु/मिश्र धातुओं में से, तापमान परिवर्तन के प्रतिरोध में लगभग कोई बदलाव नहीं आया है...

एक निकेल

बी] नाइक्रोम

सी] प्लेटिनम

डी] मैंगनीन

102] वह पदार्थ जो चुम्बक द्वारा थोड़ा प्रतिकर्षित किया जाता है, कहलाता है...

ए] चुंबकीय

बी] पैरामैग्नेटिक

सी] प्रतिचुंबकीय

डी] लौहचुंबकीय

103] वह पदार्थ जिसे बहुत ही कम चुम्बकित किया जा सकता है, कहलाता है...

ए] चुंबकीय

बी] पैरामैग्नेटिक

सी] प्रतिचुंबकीय

डी] लौहचुंबकीय

104] वे पदार्थ जिन्हें आसानी से चुम्बकित किया जा सकता है और बहुत मजबूत चुम्बक बना सकते हैं, कहलाते हैं...

ए] लौहचुंबकीय

बी] प्रतिचुंबकीय

सी] पैरामैग्नेटिक

डी] स्थायी चुंबकीय

105] एक पदार्थ जिसमें उच्च प्रतिधारण क्षमता होती है, का उपयोग किसके निर्माण के लिए किया जा सकता है...

ए] विद्युत चुम्बक

बी] स्थायी चुंबक

सी] अस्थायी चुंबक

डी] पैरामैग्नेट

106] एक पदार्थ जिसमें कम धारण क्षमता होती है, का उपयोग किसके निर्माण के लिए किया जा सकता है...

ए] विद्युत चुम्बक

बी] स्थायी चुंबक

सी] बार चुंबक

डी] पैरामैग्नेट

107] अधिष्ठापन का प्रतीक है...

ए] हो

बी] मैं

सी] ली

डी] एक्स

108] ट्यूब लैंप चोक इसका सबसे अच्छा उदाहरण है...

ए] खुला परिचालित

बी] शॉर्ट सर्किट

सी] ग्राउंडेड

डी] तटस्थ रेखा से जुड़ा

109] एक ट्यूब लाइट सर्किट में चोक का प्रारंभिक कार्य है...

ए] प्रारंभिक धारा को सीमित करें

बी] उच्च वोल्टेज प्रेरित

सी] फिलामेंट को गर्म करें

डी] चालू करने के बाद वर्तमान को सीमित करें

मासिक टेस्ट -6, अंक- 20, तिथि:- _______________

(प्रत्येक प्रश्न दो अंक का होता है)

121] एक संधारित्र 200 वोल्ट एसी लाइन से जुड़ा है, इसकी न्यूनतम वोल्टेज रेटिंग होनी चाहिए...

ए] 100 वोल्ट

बी] 200 वोल्ट

सी] 300 वोल्ट

डी] 400 वोल्ट

122] एक ओममीटर के साथ संधारित्र का परीक्षण करते समय, मीटर कुछ प्रतिरोध को इंगित करता है] परीक्षण के तहत संधारित्र है...

ए] टपका हुआ

बी] खुला

सी] अच्छा

डी] लघु

123] एक 80 माइक्रो फैराड संधारित्र के साथ श्रृंखला में जुड़े 40 माइक्रो फैराड संधारित्र की कुल धारिता है...

ए] 26.7 माइक्रो फैराड

बी] 40 माइक्रो फैराड

सी] 60.6 माइक्रो फैराड

डी] 120 माइक्रो फैराड

124] 3 माइक्रो फैराड कैपेसिटर के 1 माइक्रो फैराड कैपेसिटर प्राप्त करने के लिए हमें कनेक्ट करना होगा...

ए] सभी समानांतर में

बी] सभी श्रृंखला में

सी] 2 श्रृंखला और समानांतर में एक

डी] उपरोक्त में से कोई नहीं

125] आर और सी वाले एसी श्रृंखला सर्किट में संधारित्र के माध्यम से बहने वाली धारा होगी...

ए] वोल्टेज को कम करना

बी] वोल्टेज अग्रणी

सी] वोल्टेज के साथ चरण में

डी] उपरोक्त में से कोई नहीं

126] यदि आरसी श्रृंखला सर्किट में आपूर्ति की आवृत्ति बढ़ा दी जाती है तो कैपेसिटिव रिएक्शन होगा

ए] कम

बी] वृद्धि हुई

सी] कोई प्रभाव नहीं होना

डी] उपरोक्त में से कोई नहीं

127] बिजली कंपनियां पावर फैक्टर में सुधार करने में रुचि रखती हैं

ए] लाइन करंट कम करें

बी] मोटर दक्षता में वृद्धि

C] वोल्ट-एम्पीयर बढ़ाएँ

डी] शक्ति में कमी

128] एक संधारित्र कनेक्ट होने पर एसी मोटर लोड के पावर फैक्टर मान को बढ़ाता है...

ए] मोटर के साथ श्रृंखला में

बी] स्टार्टर के साथ श्रृंखला में

सी] मोटर के समानांतर

डी] मुख्य घुमावदार के साथ श्रृंखला में

129] आम तौर पर, एक गरमागरम प्रकाश सर्किट का शक्ति कारक है ..

ए] 0

बी] 0.5

सी] 0.707

डी] 1.0

130] जब आरएलसी श्रृंखला सर्किट में करंट को निर्धारित करने के लिए अकेले प्रतिरोध का उपयोग किया जाता है, तो सर्किट होता है...

ए] एक आगमनात्मक सर्किट

बी] एक कैपेसिटिव सर्किट

सी] एक संयोजन सर्किट

डी] एक गुंजयमान सर्किट

औद्योगिक प्रशिक्षण संस्थान

मासिक टेस्ट-7, अंक- 20, दिनांक:- ____________________

(प्रत्येक प्रश्न दो अंक का होता है)

150] तीन चरण, 3 तार प्रणाली में 3-हैज़ पावर को मापने के लिए दो वाटमीटर का उपयोग किया जा सकता है...

ए] संतुलित भार

बी] असंतुलित भार

सी] संतुलित और असंतुलित भार

डी] संतुलित भार से बाहर

151] एक सिंगल वाटमीटर का उपयोग 3-चरण प्रणाली में शक्ति को मापने के लिए तभी किया जा सकता है जब भार हो..

ए] संतुलित

बी] असंतुलित

सी] संतुलित और असंतुलित भार

डी] निरंतर

152] एक संकेतक यंत्र में सूचक की गति उत्पन्न करने वाले बल को कहा जाता है...

ए] विक्षेपण बल

बी] नियंत्रण बल

सी] भिगोना बल

डी] विचलित करने वाला बल

153] एक स्थायी चुंबक गतिमान कुंडल यंत्र पढ़ेगा...

ए] केवल एसी मात्रा

बी] केवल डीसी मात्रा

सी] एसी और डीसी मात्रा दोनों

डी] स्पंदन मात्रा

154] गुरुत्वाकर्षण नियंत्रण का उपयोग करने वाला एक उपकरण सही ढंग से पढ़ेगा यदि इसका उपयोग किया जाता है ..

ए] केवल लंबवत स्थिति

बी] केवल क्षैतिज स्थिति

सी] झुकाव स्थिति केवल

डी] कोई भी स्थिति

155] स्थायी चुंबक मूविंग कॉइल इंस्ट्रूमेंट में निम्नलिखित में से किस डंपिंग विधि का उपयोग किया जाता है?

ए] हवा भिगोना

बी] द्रव भिगोना

सी] वसंत भिगोना

डी] एड़ी वर्तमान भिगोना

156] मूविंग कॉइल इंस्ट्रूमेंट किसके प्रभाव पर काम करता है...

ए] रासायनिक प्रभाव

बी] ताप प्रभाव

सी] इलेक्ट्रोस्टैटिक प्रभाव

डी] विद्युत चुम्बकीय प्रभाव

157] विद्युत ऊर्जा मापने के लिए आपके घर में लगाया गया मीटर किसका उदाहरण है...

ए] संकेत प्रकार उपकरण

बी] रिकॉर्डिंग प्रकार उपकरण

सी] संकेत के साथ-साथ रिकॉर्डिंग प्रकार के उपकरण

डी] एकीकृत प्रकार के उपकरण

158]। स्थायी चुंबक के लिए निम्नलिखित में से कौन सी सामग्री पसंद की जाती है?

ए] अलनिको

बी] वाई-मिश्र धातु

सी] सिलिकॉन स्टील

1. एक ट्रांजिस्टर में ....

ए] एक पीएन जंक्शन

बी] दो पीएन जंक्शन

सी] तीन पीएन जंक्शन

डी] चार पीएन जंक्शन

औद्योगिक प्रशिक्षण संस्थान

मासिक टेस्ट -8, अंक- 20, तिथि:- ______________

(प्रत्येक प्रश्न दो अंक का होता है)

40] बायीं ओर वेल्डिंग तकनीक में पाइप के नीचे से वेल्ड की रेखा तक का कोण होता है...

ए] 40 से 50◦

बी] 50 से 60◦

सी] 60 से 70◦

डी] 70 से 80◦

41] 10 मिमी एमएस प्लेट काटने वाली गैस के लिए एसिटिलीन गैस का दबाव है...

ए] 0.15 किग्रा/सेमी2

बी] 0.5 किग्रा/सेमी2

सी] 1.0 किग्रा/सेमी2

डी] 1.5 किग्रा/सेमी2

42] 10 मिमी मोटी माइल्ड स्टील काटने के लिए आप किस आकार के कटिंग नोजल का चयन करेंगे?

ए] 0.8 मिमी

बी] 1.2 मिमी

सी] 1.6 मिमी

डी] 2.0 मिमी

43] दायीं ओर वेल्डिंग तकनीक के मामले में फिलर रॉड का कोण है...

ए] 10 से 20◦

बी] 20 से 30◦

सी] 30 से 40◦

डी] 40 से 50◦

44] गैस वेल्डिंग की उच्च दबाव प्रणाली के लाभों में से एक है...

ए] यह सस्ता है

बी] यह पोर्टेबल है

सी] यह कम खतरनाक है

डी] इसके लिए एक कुशल वेल्डर की आवश्यकता नहीं है

45] एमएस शीट की सोल्डरिंग किस तापमान पर होती है...

ए] 150◦सी

बी] 250◦सी

सी] 400◦सी

डी] 850◦सी

46] फोर्ज वेल्डिंग को वर्गीकृत किया गया है ...

ए] दबाव के बिना फ्यूजन वेल्डिंग

बी] दबाव के साथ फ्यूजन वेल्डिंग

सी] दबाव के बिना गैर-संलयन वेल्डिंग

डी] दबाव के साथ नो-फ्यूजन वेल्डिंग

47] गैस नियामक का कार्य है...

ए] विभिन्न प्रकार की लपटें प्राप्त करें

बी] गैसों को आवश्यक अनुपात में मिलाएं

C] ब्लो पाइप में बहने वाली गैस का आयतन बदलें

डी] काम का दबाव सेट करें

48] गैस द्वारा एक लैप पट्टिका जोड़ को ऊर्ध्वाधर स्थिति में वेल्ड करने के लिए वेल्ड की रेखा के नीचे पाइप का कोण क्या होना चाहिए?

ए] 30◦ से 40◦

बी] 45◦ से 50◦

सी] 60◦ से 70◦

डी] 75◦ से 80◦

49] उस दोष का नाम बताइए, जिसमें वेल्ड धातु बिना फ्यूज किए बेस मेटल की सतह पर प्रवाहित हो रही है

ए] गड्ढा

बी] ओवरलैप

सी] संलयन की कमी

डी] अत्यधिक उत्तलता

औद्योगिक प्रशिक्षण संस्थान

मासिक टेस्ट-9, अंक- 20, दिनांक:- ____________________

(प्रत्येक प्रश्न दो अंक का होता है)

71] 2 मिमी मोटी स्टेनलेस स्टील शीट को बट जोड़ के रूप में वेल्डिंग के लिए इस्तेमाल किया जाने वाला नोजल आकार है...

ए] 2

बी] 3

सी] 5

डी] 7

72] एल्युमिनियम की गैस वेल्डिंग के लिए प्रीहीटिंग तापमान का मान क्या है?

ए] 100 से 120◦C

बी] 150 से 180◦C

सी] 180 से 200◦C

डी] 210 से 250◦C

73] सोल्डरिंग ऑपरेशन में बेस मेटल है...

ए] गरम नहीं

बी] 200◦C . तक गरम किया गया

सी] 650◦C . तक गरम किया गया

डी] लाल गर्म स्थिति में गरम किया जाता है

74] असमान धातुओं की वेल्डिंग के लिए, दोनों धातुओं के निम्नलिखित गुणों में व्यापक भिन्नता नहीं होनी चाहिए

ए] लचीलापन

बी] तन्य शक्ति

सी] थर्मल विस्तार

डी] प्रतिरोध पहनें

75] एमएस] शीट्स के ब्रेजिंग के लिए प्रयुक्त फ्लक्स का नाम बताएं

ए] हाइड्रोक्लोरिक एसिड

बी] जिंक क्लोराइड

सी] लंबा राल

डी] बोरेक्स

76] प्रोग्रेसिव गॉगिंग में 30◦ के शुरुआती कोण से गॉगिंग टार्च कोण को किस कोण से घटाया जाता है?

ए] 20 से 25◦

बी] 15 से 20◦

सी] 10 से 15◦

डी] 5 से 10◦

77] थर्मिट वेल्डिंग में प्रयुक्त थर्मिट मिश्रण को प्रारंभिक तापमान के साथ प्रज्वलित किया जा सकता है।

ए] 1500◦सी

बी] 1200◦सी

सी] 1000◦सी

डी] 500◦सी

78] परिरक्षित धातु चाप वेल्डिंग की प्रक्रिया के तहत वर्गीकृत किया गया है...

ए] विद्युत प्रतिरोध वेल्डिंग

बी] विशेष वेल्डिंग

सी] इलेक्ट्रिक आर्क वेल्डिंग

डी] इलेक्ट्रो गैस वेल्डिंग

79] इलेक्ट्रोड धारक का आकार कैसे निर्दिष्ट करें?

ए] इसके वजन से

बी] इसके आकार से

सी] इसकी वर्तमान वहन क्षमता द्वारा

D] इसे बनाने के लिए प्रयुक्त धातु द्वारा

80] एक 3.15 मिमी मध्यम लेपित हल्के स्टील इलेक्ट्रोड के लिए वर्तमान सेट है...

ए] 50 से 80 एम्पीयर

बी] 90 से 120 amp

सी] 120 से 150 amp

डी] 150 से 170 एम्पीयर

औद्योगिक प्रशिक्षण संस्थान

मासिक टेस्ट-10, अंक- 20, दिनांकः- ________________

(प्रत्येक प्रश्न दो अंक का होता है)

Q 2) स्थिर दबाव पर, गैस के तापमान के अनुसार आयतन बदलता रहता है। यह बयान है......

1)बॉयल का नियम

2) चार्ल्स लॉ

3) जूल-थॉम्पसन प्रभाव

4) डाल्टन का नियम

Q 3) एक टन रेफ्रिजरेशन =................

1) 45.5 किलो कैलोरी मिन।

2) 50.4 किलो कैलोरी मिन।

3) 44.5 किलो कैलोरी मिन।

4) 66.5 किलो कैलोरी मिन

Q 4) किसी पदार्थ के एकांक द्रव्यमान के तापमान को 1 डिग्री C तक बढ़ाने के लिए आवश्यक ऊष्मा की मात्रा कहलाती है ....

1) विशिष्ट ऊष्मा

2) संवेदनशील गर्मी

3) गुप्त ऊष्मा

4) सुपरहीट

Q 5) यदि वायु की आपेक्षिक आर्द्रता 100% है, तो वाष्पीकरण की दर होगी .....

1) उच्च

2) मध्यम

3) कम

4) शून्य

Q 6) केशिका नली एक उपकरण है जो ....

1) रेफ्रिजरेंट द्वारा वहन की गई गर्मी को दूर करता है

2) रेफ्रिजरेंट मीटर

3) अतिरिक्त तरल रेफ्रिजरेंट के लिए एक जलाशय के रूप में कार्य करता है

4) रेफ्रिजरेंट को पंप करता है

Q 7) रेफ्रिजरेशन सिस्टम का हृदय ....

1) तरल रिसीवर

2) थर्मोस्टेट

3) कंप्रेसर

4) बाष्पीकरणकर्ता

Q 8) द्रव रेफ्रिजरेंट से नमी को हटाने के लिए प्रयुक्त ड्रायर को किससे चार्ज किया जाता है?

1)सिलिका जेल

2) कैल्शियम कार्बाइड

3) मिट्टी अवशोषक

4) एथिलीन अवशोषक

Q 9) इनमें से कौन नमकीन नहीं है

1) सोडियम क्लोराइड

2) कैल्शियम क्लोराइड

3) एथिलीन ग्लाइकॉल

4) उपरोक्त में से कोई नहीं

Q 10) एक माइक्रोमीटर में 0.02 मिमी की धनात्मक त्रुटि होती है। यदि यह 25.41 मिमी पढ़ता है, तो सही पठन है .....

1) 25.39 मिमी

2) 25.37 मिमी

3) 25.43 मिमी

4) 25.45 मिमी

Q 12) शीट मेटल की मोटाई को संख्याओं की एक श्रृंखला द्वारा दर्शाया जाता है जिसे ....

1) मानक आकार

2) संख्या का आकार

3) गेज

4) सामान्य आकार

औद्योगिक प्रशिक्षण संस्थान

मासिक टेस्ट-11, अंक- 20, दिनांकः- ____________________

(प्रत्येक प्रश्न दो अंक का होता है)

Q 10) एक माइक्रोमीटर में 0.02 मिमी की धनात्मक त्रुटि होती है। यदि यह 25.41 मिमी पढ़ता है, तो सही पठन है .....

1) 25.39 मिमी

2) 25.37 मिमी

3) 25.43 मिमी

4) 25.45 मिमी

Q 12) शीट मेटल की मोटाई को संख्याओं की एक श्रृंखला द्वारा दर्शाया जाता है जिसे ....

1) मानक आकार

2) संख्या का आकार

3) गेज

4) सामान्य आकार

Q 13) वेल्डिंग इलेक्ट्रोड कोटिंग के कार्यों में से एक ....

1) वेल्डिंग चालू बढ़ाएं

2) चाप को स्थिर करें
3) जंग लगना रोकें
4) चाप तापमान को नियंत्रित करें
Q 15) घरेलू रेफ्रिजरेटर का बटर कंपार्टमेंट सामान्यतः स्थित होता है ......
1) कैबिनेट के शीर्ष पर
2) कैबिनेट के निचले भाग में
3) केंद्रीय ऊंचाई पर
4) दरवाजे में
Q 16) बाष्पीकरणकर्ता में वाष्पीकरण की प्रक्रिया होती है, जिसके कारण .....
1)गर्मी जुड़ जाती है
2) गर्मी दूर होती है
3) दबाव बढ़ता है
4) दाब घटता है
Q 17) स्निप एक ....
1) मापने का उपकरण
2) मार्किंग टूल
3) काटने का उपकरण
4) सहायक उपकरण
Q 18) बारंबारता की इकाई ....
1) मोहो
2) कूलम्ब
3) हट्र्ज़
4) टेस्ला
Q 19) रेफ्रिजरेटर में प्रयुक्त होने वाला कम्प्रेसर ....
1) भली भांति बंद करके सील किए गए पारस्परिक कंप्रेसर
2) अर्ध-भली भांति बंद करके सील किए गए पारस्परिक कंप्रेसर
3) ओपन टाइप कंप्रेसर
4) केन्द्रापसारक कंप्रेसर
Q 20) घरेलू रेफ्रिजरेटर .... पर काम करता है।
1) वाष्प संपीड़न चक्र
2) वाष्प अवशोषण चक्र
3) ओटो चक्र
4) वाष्प संपीड़न या वाष्प अवशोषण चक्र
Q 21) कौन सा अधिक कुशल है - वाटर कूल्ड या एयर कूल्ड कंडेनसर

1) एयर कूल्ड
2) वाटर कूल्ड
3) दोनों समान रूप से कुशल हैं
4) कोई भी दूसरे की तुलना में अधिक कुशल हो सकता है

औद्योगिक प्रशिक्षण संस्थान

मासिक टेस्ट-12, अंक- 20, दिनांक:- ___________________

(प्रत्येक प्रश्न दो अंक का होता है)

Q 31) पानी की अस्थाई कठोरता को .... द्वारा दूर किया जाता है।
1) छानना
2) उबालना
3) रासायनिक उपचार
4) उपरोक्त में से कोई नहीं

Q 32) प्राकृतिक ड्राफ्ट कूलिंग टावर्स मुख्य रूप से .... में उपयोग किए जाते हैं
1) इस्पात संयंत्र
2) पावर स्टेशन
3) उर्वरक पौधे
4) एल्युमीनियम निर्माण संयंत्र

Q 33) बड़ी वस्तुओं को हटाने के लिए पानी के पूर्व उपचार में किसका प्रयोग किया जाता है?
1) बैक्टीरिया
2) तेल और ग्रीस
3) वायु
4) स्क्रीन

Q 34) बाष्पीकरण में रेफ्रिजरेंट .... पर प्रवेश करता है
1) बहुत कम दबाव
2) कम दबाव
3) मध्यम दबाव
4) उच्च दबाव

Q 35) बड़े रेफ्रिजरेशन और सेंट्रल एयर कंडीशनिंग सिस्टम में इस्तेमाल होने वाले बाष्पीकरण का प्रकार है
1) शैल और ट्यूब बाष्पीकरणकर्ता
2) फिनेड बाष्पीकरणकर्ता
3) प्लेट सतह बाष्पीकरणकर्ता
4) बेयर ट्यूब बाष्पीकरणकर्ता

Q 36) बर्फ के डिब्बे को ऊंचाई में पतला क्यों बनाया जाता है?

1)वजन कम करने के लिए

2) डंपिंग की सुविधा के लिए

3) उपस्थिति में सुधार करने के लिए

4) निर्माण को आसान बनाने के लिए

Q 37) आपेक्षिक आर्द्रता मापने के लिए प्रयोग किया जाने वाला उपकरण ....

1) बैरोमीटर

2) साइक्रोमीटर

3) मैनोमीटर

4) दबाव नापने का यंत्र

Q 38) यांत्रिक प्रशीतन इकाई के उच्च दाब पक्ष पर दाब कहलाता है

1) चूषण दबाव

2) निर्वहन या सिर का दबाव

3) डिफरेंशियल प्रेशर _

4) पूर्ण दाब _

Q 42) सूखे बल्ब का तापमान (DBT) .... का वास्तविक तापमान होता है।

1) नम हवा

2) शुष्क हवा

3) सूखी बर्फ

4) संतृप्त हवा

Q 43) AHU का मतलब ....

1) एयर हैंडलिंग यूनिट

2) एयर हीटिंग यूनिट

3) एयर ह्यूमिडिफाइंग यूनिट

4) इनमें से कोई नहीं

www.ingramcontent.com/pod-product-compliance
Ingram Content Group UK Ltd.
Pitfield, Milton Keynes, MK11 3LW, UK
UKHW021917190726
13853UKWH00002B/711

9 798888 693667